MAURICE DELAFOSSE

LES

États d'Ame

d'un Colonial

Prix : 3 francs

PUBLICATION DU

COMITÉ DE L'AFRIQUE FRANÇAISE

21, Rue Cassette, 21

PARIS

1909

LES

États d'Ame

d'un Colonial

MAURICE DELAFOSSE

LES
États d'Ame
d'un Colonial

PUBLICATION DU

COMITÉ DE L'AFRIQUE FRANÇAISE

21, Rue Cassette, 21

PARIS

1909

LES
États d'Ame
d'un Colonial

Tout d'abord, il me faut spécialiser la catégorie du colonial dont je veux chercher à décrire les états d'âme successifs; car le colonial, ce type nouveau venu dans la série anthropologique, revêt bien des aspects différents et comporte bien des variétés, depuis celle du moderne paladin, casqué de liège et assoiffé de sang, qui n'apparaît que dans les revues de fin d'année, jusqu'au modeste héros plus réel qui dort sous une humble croix de bois rongée par les termites. Il y a le colonial pour rire et il y a le vrai colonial, tous deux immortels, il y a Tartarin et Barnavaux; il y a l'Indo-Chinois et l'Africain, le civil et le militaire, le « frère-de-la-côte » et le « broussard », et combien d'autres encore !

Le mien sera le « broussard africain », non peut-être qu'il soit plus que les autres le colonial-type, mais simplement parce qu'il est le seul dont je puisse sincèrement me croire autorisé à parler.

C'est lui que nous allons suivre à travers sa carrière, essayant d'analyser ses divers états d'âme, ou plutôt les étapes successives par lesquelles passe, en se transformant sans cesse, son être intellectuel et moral. Peut-être notre colo-

nial sera-t-il celui d'hier plutôt que celui d'aujour-
d'hui et surtout que celui de demain, car, aux
colonies plus qu'ailleurs, l'évolution est rapide...
et les dieux s'en vont... Mais si le type est près
de s'éteindre, il n'y a que plus d'intérêt à en fixer
la psychologie avant qu'il ait rejoint pour jamais
la famille toujours croissante des espèces dis-
parues.

Je désire que ce début un peu solennel ne
trompe pas le lecteur bénévole sur mes inten-
tions : je n'ai en aucune façon le désir de faire à
M. Paul Bourget une concurrence aussi malaisée
que déloyale, et je me contenterai de noter, sans
prétention, quelques observations que je donne,
non comme bonnes, mais simplement comme
miennes.

I. — Le premier départ de France.

Notre colonial — que, pour la commodité du
récit, nous appellerons Broussard, ce qui, après
tout, est un nom comme un autre — Broussard
vient de recevoir l'avis de sa nomination et son
ordre d'embarquement. A quel grade ou emploi
a-t-il été nommé ? dans quelle colonie d'Afrique
est-il envoyé ? peu nous importe, et à lui aussi
il importe assez peu : il ne songe pas encore à la
retraite ni aux avantages spéciaux de telle ou telle
carrière ; il ignore si les indemnités de cherté de
vivres subsistent au Soudan, si elles ont été sup-
primées au Congo, et, à vrai dire, il ne sait pas ce
que c'est et s'en préoccupe médiocrement. Ce
qui remplit actuellement son esprit, c'est qu'il
est devenu un colonial et qu'il va partir pour
l'Afrique, non pas pour l'Algérie, — cette Afrique

trop proche qui n'est qu'une Provence prolongée, une chaîne des Maures avec de vrais Maures, — mais pour la véritable Afrique, celle d'au delà du désert, celle des Nègres, celle de Caillié, de Mungo-Park, de Barth, de Nachtigal, de Stanley, de Brazza, de Monteil, de Binger; il va réaliser les rêves ébauchés durant son enfance, alors qu'il aimait jouer au Robinson Suisse derrière les buissons de houx du jardin paternel, qui lui représentaient la forêt dense; caressés pendant son adolescence, alors qu'il dévorait avec passion les œuvres variées de Mayne-Reid, de Jules Verne et de Boussenard; entrevus enfin avec plus de précision lorsque, récemment encore, étudiant passionné pour les luttes coloniales et la course aux zones d'influence, il allait applaudir frénétiquement les explorateurs aux conférences solennelles de la Sorbonne ou du boulevard Saint-Germain et ressentait une inexplicable émotion à voir défiler, sous la vive lumière du projecteur, des paysages de brousse soudanaise ou de forêt équatoriale, des pirogues fendant l'écume des rapides, des danses bizarres de féticheurs, des cavalcades de sofas. La perspective — que dis-je? la certitude — de pouvoir bientôt vivre cette vie aventureuse, qui le fascine depuis si longtemps, enchante notre Broussard, le ravit... et lui suffit.

Cependant il lui faut faire ses préparatifs de départ et se documenter sur la vie que l'on mène *là-bas*. Il sent avec intensité — avec trop d'intensité — qu'on ne s'embarque pas pour le Dahomey ou le Congo comme pour Suresnes; et, comme les renseignements puisés dans ses lectures sont après tout insuffisants et trop vagues, il a recours aux conseils de ses aînés, de ceux qui sont allés déjà *là-bas* et qui prennent à ses yeux, de par le seul fait qu'ils y sont allés et que lui va y aller aussi, une importance jusqu'alors insoupçonnée. Il éprouve bientôt que ses aînés sont d'un abord facile et ne se montrent pas chiches de conseils — loin de là ! — mais que leurs avis sont tellement contradictoires qu'il est aussi difficile de les totaliser que d'additionner des lanternes avec des bœufs. Il s'aperçoit aussi combien ces vieux coloniaux semblent spécialiser leurs idées vers de petits — de fort petits côtés — de la question coloniale. Pour les uns, les préparatifs de départ résident essentiellement dans le choix d'un modèle de cantine, pour les autres dans celui d'une marque de conserves, pour certains dans l'adoption d'un calibre de fusil. « Vous partez pour l'Afrique, mon jeune ami ? — dit à Broussard un *vieux colonial*, — faites provision de flanelle : si vous ne voulez pas attraper la fièvre, il faut toujours porter de la flanelle, à même la peau, surtout quand il fait très chaud, et aussi quand il fait froid, et puis le reste du temps également d'ailleurs. Autrement, vous savez, c'est la bilieuse ! — Surtout, conseille un autre, ne portez jamais de flanelle, au moins jamais à même la peau : ça occasionne des démangeaisons, de la bourbouille, des crocos ; il ne faut porter que du coton : croyez-en ma vieille expérience ! — L'important, voyez-vous, mon jeune camarade, dit un troisième, c'est de bien manger et de bien boire : emportez des provisions et du bon vin ; autrement, gare la fièvre ! — Vous pouvez, insinue un quatrième, vous porter très bien aux colonies, à condition d'être très sobre, de ne pas manger de conserves, et de ne jamais boire de vin ; autrement, gare à la fièvre ! — Moi qui vous parle, enseigne [obligeamment un cinquième *vieux colonial*, je me suis toujours très bien porté : mais aussi je n'ai jamais bu que de l'eau bouillie et filtrée et je prends régulièrement de la quinine préventive ; faites comme moi, et vous éviterez le paludisme et tout ce qui en dérive. — Entre nous, professe doucement un sceptique, l'eau bouillie et filtrée, c'est de la blague : d'abord elle n'est jamais bouillie, parce que c'est trop long ; ensuite le filtre sent trop mauvais, on ne s'en sert pas, et c'est heureux, car un filtre est un réservoir à microbes ; buvez de l'eau de marigot, jeune homme, et vous vous en trouverez bien. Ne prenez pas de quinine ou n'en prenez que rarement : ça détraque l'estomac. C'est moi qui vous le dis. »

Au bout de huit jours de cette documentation sur le vif, Broussard est fortement ahuri mais peu fixé. Alors il prend un parti qui lui semble être le comble de la sagesse : il achète des gilets de flanelle pour faire plaisir au premier conseilleur, des chemises de coton pour obéir au second, des conserves et du vin pour se conformer aux avis du troisième, un filtre et de la quinine pour ne pas désobliger le cinquième, et rien du tout pour suivre les recommandations du quatrième et du sixième, qui ont certainement sur les autres un avantage, celui de ne pas pousser à la dépense.

Mais il achète bien d'autres choses ! des choses qu'aucun *vieux colonial* ne lui a conseillées, mais qui, habilement présentées par un catalogue-album ou par le vendeur d'un magasin d'équipements, apparaissent si pratiques, si merveilleusement appropriées aux besoins multiples et spéciaux de *l'explorateur* : Par exemple, des gilets fendus dans le dos pour permettre à l'air de circuler librement ; des couteaux renfermant tant de lames qu'on ne sait plus où est le manche ; des cantines-popotes si perfectionnées, où tout est si bien à sa place qu'on n'ose jamais s'en servir de peur de ne plus pouvoir remettre le contenu dans le contenant ; des appareils aussi coûteux que compliqués, destinés à protéger de la casse des objets vulgaires dont la douzaine vaut beaucoup moins cher que l'appareil fait pour abriter un seul d'entre eux ; enfin tout un attirail à l'usage des Parisiens gobeurs, amateurs de *camping* et d'américomanie, et dont naturellement notre Broussard ne pourra tirer aucun profit.

Enfin les préparatifs sont achevés, les cantines et tonnelets sont dans la cale du paquebot et Broussard lui-même a pris possession de la demi-cabine ou du quart de cabine mis à sa disposition. Les adieux ont été échangés, sans trop d'émotion de la part du jeune colonial qui *en verra bien d'autres*, les mouchoirs agités fébrilement sur la jetée commencent à devenir de petits nuages blancs peu distincts, le départ est consommé.

Par-dessus tout content que « ça y soit », satisfait de voir son long rêve prendre corps enfin, Broussard ne peut se défendre cependant de la gêne spéciale à tout novice et il se sent un peu désemparé : l'effet du roulis et du tangage sur ses fonctions digestives ne laisse pas d'ailleurs d'accentuer encore cet état d'effarement moral. Dès qu'il se sent aguerri contre le mal de mer, dès que les eaux deviennent plus calmes et que l'atmosphère plus tiède révèle la proximité de la terre africaine, il se ressaisit et recherche avidement la conversation des maîtres, de ceux qu'une vieille expérience de la brousse désigne tout naturellement à son esprit avide de s'instruire comme aptes à lui donner les enseignements nécessaires, et dont il a lu les noms avec un respect admiratif sur la liste des passagers. Mais des surprises l'attendent. Une sorte de colosse au teint bronzé, barbu, le regard dominateur, la parole haute et brève, circule, important et affairé, d'un bout à l'autre du paquebot, procédant sans discrétion à la recherche et au classement méthodique d'instruments très perfectionnés de géodésie, ou de cantines imperméables du dernier modèle, dont il explique avec assurance les avantages incontestables. « C'est sans doute le célèbre explorateur X... ? demande Broussard ; je serais si heureux de lui être présenté. — Non pas. répond le passager bien informé dont la présence sur tout paquebot est aussi immanquable que celle du mécanicien, non pas ; c'est un ancien commis de magasin, qui se rend pour la première fois aux colonies, en qualité de prospecteur, au service d'une compagnie minière dont son ex-patron est le principal actionnaire. Quant à l'explorateur X..., voyez-le là-bas accoudé au bastingage, causant avec le commandant du bateau. » Broussard regarde dans la direction qu'on lui indique, et demeure stupéfait d'apprendre que cet homme sans extérieur, habillé comme tout le monde, paraissant s'amuser franchement aux galéjades marseillaises du jovial marin, n'est autre que celui dont le nom, célèbre dans les deux mondes, rappelle les plus grandes gloires et les plus héroïques des découvreurs illustres.

Les étonnements de l'apprenti colonial sont

d'ailleurs loin de prendre fin et, à écouter parler les aînés, il devient bientôt aussi perplexe qu'il le fut lors de ses préparatifs de départ. On cause naturellement de la colonisation et des divers systèmes employés, et, sous couleur de donner des conseils au néophyte, chacun expose ses théories, en les appuyant d'exemples personnels. « Voyez-vous, dit à Broussard un homme de manières douces, au regard bienveillant, — les nègres sont de grands enfants, plus timides que méchants : il suffit de savoir les prendre ; tel que vous me voyez, par la seule persuasion, j'en fais tout ce que je veux. — Ah ! ah ! — ricane bruyamment un voisin turbulent, au visage coloré, aux yeux terribles sous d'épais sourcils qui se froncent, — la persuasion ! on la connaît celle-là !... dans un an, jeune homme, vous m'en direz des nouvelles ! et vous saurez alors, comme moi, qu'il n'y a que la force pour tirer quelque chose de ces brutes, la force, vous m'entendez ! » Et, pour se faire mieux entendre, il semble vouloir écraser le bastingage d'un vigoureux coup de poing. Mais, un peu ahuri déjà, Broussard le devient plus encore un instant après, en apprenant du passager bien informé que ce promoteur convaincu de la force brutale est le plus inoffensif des hommes et qu'il se fait rouler par ses domestiques indigènes, alors que le doux philosophe qui préconise la persuasion n'aurait pas fait mauvaise figure au xvie siècle, parmi les reîtres du marquis de Saint-Cendre ou de M. de Clérambon.

Un autre passager se prononce aussi pour l'emploi de la force, pour la répression sauvage, et conclut son discours en criant: « Ces sales nègres, on n'aura la paix avec eux que quand on les aura tués tous ! » Broussard s'inquiète de savoir si ce puissant raisonneur ne descend pas du comte de la Palisse, mais il est interrompu par quelqu'un qui murmure froidement : « Quand on les aura tous tués, comment ferez-vous pour gagner votre vie ? » Cette parole sans réplique clôt la discussion et ouvre en même temps de nouveaux horizons à Broussard : comme tout bon Français, il croyait que la métropole dépensait un argent fou pour entretenir aux colonies des fonctionnaires aussi nombreux qu'inutiles, et il découvre que ces fonctionnaires sont payés en presque totalité par les impôts levés sur les nègres, le traitement des autres provenant des taxes de patente et des droits de douane qui frappent sur place le commerce colonial.

C'est ainsi qu'un peu désorienté dans ses conceptions métropolitaines de la vie coloniale avant même de l'avoir vécue, Broussard s'assoupit lourdement dans l'air raréfié et malodorant de sa cabine, et devient la victime de cauchemars étranges qui ne disparaîtront qu'avec la distraction amenée par la première escale dans la monotone existence du bord.

Dès cette escale, le désenchantement qui menaçait de se faire jour dans son âme disparaît. Il a vu enfin l'Afrique, il a vu son sol rouge et en a respiré la poussière chaude; il a vu des baobabs sans feuilles qui ressemblent à des ébauches d'arbres faites par de maladroits ouvriers sans idéal : il a croisé des Noirs à l'allure généralement méprisante, des Noirs qui savent depuis longtemps que les Blancs ne sont que des hommes pour les vénérer encore comme des dieux ou les craindre comme des héros ; il a respiré l'odeur spéciale de leurs cuisines et de la graisse qui oint les cheveux de leurs femmes. Mais, comme il a la foi robuste, il a prêté peu d'attention à ces désagréables impressions, qu'il prévoyait d'ailleurs et contre lesquelles il était prémuni d'avance. Et puis il sait qu'il ira plus loin, en des pays plus neufs, où la civilisation, ou ce qu'on nomme ainsi, n'a pas encore complètement transformé l'œuvre lente de la nature, et il rentre à bord l'oreille encore bourdonnante des bruits du tamtam ou du volubi e parler des Ouolofs, les narines frémissantes d'âcres parfums jusqu'alors inconnus, les yeux pour longtemps impressionnés du contraste violent entre les peaux noires, les longs vêtements blancs ou bleus, le sol rouge; l'Afrique tant désirée l'a conquis dès la première étreinte, encore qu'elle fût imparfaite, et il n'aspire plus qu'à renouveler son étreinte et à la faire durer, dans un cadre qu'il pressent plus approprié aux sensations qui se mêlent et bouillonnent en lui. Et désormais il attendra le jour du débarquement comme il a attendu en France le jour du départ, quoique avec, cette fois, une impatience plus molle, car il est déjà un colonial, et de son premier contact avec le pays noir, il a gardé cette impression que le temps n'a peut-être pas toute la valeur qu'on lui prête en Europe et en Amérique.

II. — L'ARRIVÉE A LA COLONIE.

Plus d'une heure avant qu'on n'ait signalé la terre, Broussard était déjà sur le pont, fouillant avidement l'horizon, cherchant à y deviner la ligne indécise du rivage bas et rectiligne ou le cordon écumeux de la barre, et croyant à chaque instant reconnaître l'un ou l'autre dans la bande grise que présente le ciel le long de son apparente intersection avec la mer. Enfin les passagers munis de jumelles affirment avec persistance qu'on commence à apercevoir le sable blanchâtre et, un peu en arrière, la sombre verdure des arbres, et Broussard éprouve alors une sensation singulière et composite, faite d'attente, de désir, d'impatience et de crainte. Oui, de crainte aussi; non pas qu'il soit peureux de sa nature, plutôt portée au contraire à mépriser les dangers; mais il ressent un peu l'impression bien connue de ceux qui ont été à la guerre, impression qui vous étreint les moelles comme sous la pression de |mille| petites pinces, lorsqu'on devine que l'ennemi est là, que des coups de feu vont éclater, mais qu'on ne sait pas si ce sera à gauche ou à droite, dans une seconde ou dans un quart d'heure. Et en effet, obscurément, confusément, Broussard se rend compte qu'il arrive sur un terrain de lutte, de lutte morale et physique, dont il a le pressentiment plutôt que la conscience, et c'est précisément du vague de ce pressentiment qu'est fait son angoissant malaise actuel.

Ce malaise, du reste, n'est pas de longue durée, car des préoccupations d'un ordre plus pratique ne tardent pas à s'y substituer. On a stoppé, les formalités sanitaires sont accomplies, et les passagers arrivés à destination sont très affairés à reconnaître leurs bagages, à faire leurs adieux à ceux qui vont plus loin, et à rechercher, parmi les baleinières qui accostent brutalement les flancs du navire, quelle est celle qui doit les emporter. Broussard trouve d'abord qu'un certain désordre paraît présider à cette opération de débarquement et, sans trop de résistance, il en prend son parti, s'abandonne au courant ambiant, et, après d'inutiles essais pour se renseigner, il se trouve assis dans cette espèce de vagonnet de manège de chevaux de bois qu'on appelle un panier, et déposé sans douceur au fond d'une embarcation fort sale, que la houle semble à chaque instant vouloir jeter sur le pont haut perché du paquebot. Il s'inquiète de ses bagages, qu'il croit bien avoir vus précipités à grand fracas dans une autre baleinière, mais on lui répond avec calme de ne pas s'émouvoir, « car tout se retrouve ». Et il constate que les rives de la côte occidentale d'Afrique sont un peu le prolongement des quais de la Joliette où, malgré le désordre, « tout se retrouve ».

En arrivant près du wharf, son attention est attirée par les volutes toutes proches de la barre, et il se félicite intérieurement de n'être pas obligé de les franchir et de pouvoir user d'un mode d'atterrissage assurément rudimentaire mais cependant moins dangereux ; en même temps pourtant il éprouve une sorte d'humiliation à penser qu'il ne pourra pas jeter négligemment, au cours de la conversation, de ces phrases qu'il a entendues si souvent tomber de la bouche de ses compagnons de voyage : « La dernière fois que j'ai passé la barre, etc. », ou « Lorsque j'ai chaviré dans la barre... ». Et c'est ainsi, pense-t-il, que tout progrès général se paie par une diminution de la gloire individuelle.

Au contentement, assez naturel, que produit en lui le fait de se trouver enfin sur un plancher plus stable que celui de la baleinière et du panier,

succède assez vite une impression non encore
ressentie d'ahurissement, de désenchantement,
d'isolement : sur cette jetée, que remplissent d'un
bruit assourdissant le fracas de la barre, le grin-
cement des chaînes, le tonnerre des treuils, le
roulement des lauries, les cris des Noirs en gue-
nilles qui sont les ouvriers de ce port spécial,
Broussard se sent seul, il se sent perdu, plus
seul et plus perdu — il en a la vision très nette —
qu'il ne le sera jamais au plus épais de la forêt
vierge ou de la brousse déserte. Autour de lui
s'agite un monde dont il ne fait pas partie, un
monde qui ne l'a pas encore adopté et qui ne
semble faire aucun effort, aucune avance, pour
se l'incorporer. Les passagers débarqués avec lui
ont retrouvé leurs habitudes, des gens de connaissance, et, serrant des mains, échangeant
joyeusement des nouvelles d'ailleurs peu impor-
tantes, ils vaquent à leurs affaires, s'occupent de
trouver leur logis définitif ou provisoire et d'y
faire transporter leurs caisses par des moyens
connus d'eux mais dont Broussard ne soupçonne
pas la nature. Il s'adresse à l'un d'eux, qui fut un
très aimable compagnon de voyage ; l'interpellé
ne semble plus le connaître et lui répond dis-
traitement : « Faites d'abord porter vos bagages
à la douane. A bientôt ! » Très bien, mais par
qui les faire porter ? Dans la plupart des ports du
monde, le passager a peine à se défendre des
trop nombreuses offres de service que lui pro-
diguent sans discrétion des portefaix variés, des
employés d'agences et des pisteurs d'hôtels : ici,
rien de tel, et Broussard a la conscience très
nette que, s'il attend qu'on s'occupe de lui, il
couchera sur le sable de la plage et y dînera d'os

de seiche. Aussi se décide-t-il à aller tout d'abord à la recherche de ses colis, qu'il finit par découvrir, au moins en partie, éparpillés un peu partout au milieu d'objets hétéroclites, plusieurs d'entre eux grièvement blessés au cours de leurs transbordements successifs.

Et, avisant un Noir de forte encolure qui, assis sur une de ses cantines renversées, fume nonchalamment un brûle-gueule noirci, il lui dit en style télégraphique — car ses lectures lui ont enseigné que les Noirs ne parlent qu'au mode infinitif — : « Toi porter mes bagages à la douane, moi payer toi ». A quoi le fumeur, levant à peine les yeux, répond évasivement : « *Me no save French.* » Les lectures de Broussard avaient négligé de lui apprendre que, si le mode infinitif est en effet celui que préfèrent les Nègres, ils aiment surtout appliquer à la langue anglaise cette méthode simplificatrice, même dans les ports principaux des colonies françaises.

Enfin, après s'être présenté — à l'anglaise, pour entrer dans l'ambiance — à une douzaine d'Européens qui vont et viennent le long des voies de transbordement, il tombe sur un homme aimable et cordial qui se met en quatre pour le tirer du pétrin, s'occupe de trouver des manœuvres pour charger les bagages sur un vagonnet, conduit Broussard à la douane, lui indique le domicile de ceux à qui il a à s'adresser et enfin met à sa disposition, dans sa propre maison, le gîte et le couvert, le tout avec une brusque familiarité qui n'est pas pour déplaire. Ce qui étonne le plus le nouveau-venu, ce n'est pas précisément qu'il ait mis si longtemps à rencontrer cet obligeant personnage, mais bien que celui-ci appar-

tienne à un corps de métier n'ayant aucune ac
cointance avec le sien propre... Au fait, je n'ai
pas dit quelle était la profession de Broussard,
quoiqu'il me semble avoir laissé entendre qu'il
pourrait bien appartenir aux « échelons inférieurs
de l'administration »; mais cela importe peu : si
Broussard est fonctionnaire, soyez assuré que
c'est un commerçant qui lui a accordé l'hospitalité ; peut-être encore, s'il est commis des affaires
indigènes, est-ce un douanier qui l'a reçu. En
tout cas il trouve que l'esprit de solidarité fait
un peu défaut, — encore qu'il s'apercevra bien
vite que l'esprit de corps est poussé parfois à ses
limites extrêmes — et il en a, en cette première
journée et les suivantes, quelques autres preuves
encore, au moins tant qu'il est dans les environs
immédiats du chef-lieu de la colonie, car il constate rapidement que la chaleur de l'accueil fait
par les camarades semble être en raison inverse de
leur proximité de la côte.

Le soir, en se couchant pour la première fois
sur la terre d'Afrique, Broussard se sent la tête
à la fois vide et bourdonnante, non pas qu'il ait
assez bu pour risquer de se réveiller avec une
« bille d'acajou » — suivant la pittoresque expression qui remplace ici celle plus vulgaire de
« g... de bois » — mais simplement parce qu'il a
passé durant cette journée par trop de sensations
nouvelles et déconcertantes. On lui a dit que « ça
se tasserait » et il sent très bien qu'en effet « ça se
tassera », mais il sent avec beaucoup d'acuité
aussi que « ça n'est pas encore tassé ». Il dort
mal d'ailleurs, se figurant qu'il est toujours à
bord et que le niveau de son lit est instable ; le
grondement de la barre, auquel il n'est pas habi-

tué, le réveille plusieurs fois, et il se lève le matin avec une impression de malaise assez analogue à celle éprouvée aux premiers jours de la traversée.

Cette impression n'est que passagère et disparaît avec la visite du port, des factoreries, des installations européennes, toutes choses nouvelles pour lui et qui l'intéressent. Une fois présenté par son hôte de la veille, il est assez bien accueilli partout, et se trouve même assailli de tant d'invitations qu'il est obligé de les décliner à peu près toutes.

Les repas auxquels on l'a prié sont bruyants ; les convives parlent beaucoup et parlent fort, en un langage peu châtié, où abondent des expressions locales empruntées pour la plupart à des langues indigènes ou au jargon anglais de la côte, et avec lesquelles Broussard devra se familiariser. Les opinions les plus contradictoires sont soutenues avec âpreté par les divers personnages présents, parfois même par un seul personnage à quelques moments d'intervalle, sans que nul semble trouver la chose étrange. Tous les sujets de conversation entendus à bord reviennent sur le tapis précisés par des allusions aux circonstances locales. Tous les représentants de l'administration et du commerce de la colonie, — à part, bien entendu, ceux qui sont réunis autour de la table, à part aussi quelques rares personnalités qui semblent intangibles, — sont, successivement ou en bloc, l'objet des pires anathèmes, et chaque nom propre est accompagné d'épithètes qui n'ont assurément pas l'intention d'être flatteuses. Broussard a d'abord la sensation de se trouver au milieu d'un noyau très restreint comprenant tout ce que la

colonie compte d'intelligent et d'honnête, et il est
un peu effrayé à l'idée de ce qui adviendra de
lui lorsqu'il sera sorti de ce noyau modèle. Mais
comme, le soir, dînant à une autre table, il
entend traiter ses convives du matin comme il
avait, le matin, entendu traiter ceux du soir ;
comme il a vu, dans la journée, des membres des
deux groupes s'aborder avec des manifestations
non équivoques de plaisir et d'amitié ; comme
aussi l'accent qui domine est celui de la Cane-
bière ou des rives de la Garonne, il se rassure
peu à peu et arrive à penser que c'est là seulement
une façon de parler, due sans doute au climat,
un phénomène spécial d'impaludation ou d'adap-
tation de la race au milieu.

Il fait son profit de multiples conseils qui lui
sont prodigués sans parcimonie, tout en redou-
tant d'être bien malheureux s'il les veut mettre
tous à exécution : c'est ainsi qu'il apprend que
l'ananas donne la fièvre ; que la banane est indi-
geste, que l'usage des conserves détermine la
fâcheuse entérite, que la viande fraîche abonde en
ténias ; heureusement, les partisans de ces théories
prohibitives semblent se peu soucier de les mettre
en pratique. La question du casque aussi fournit à la discussion un précieux aliment : les uns
soutiennent qu'il est indispensable de porter
constamment un casque, même à la maison,
même après le coucher du soleil ; d'autres sou-
rient avec dédain et prônent le chapeau de feutre ;
et chacun se prend soi-même à témoin de l'excellence de sa doctrine. Cette matière épuisée, on
saute avec une égale ardeur sur la question de la
quinine, qui a ses chauds partisans comme ses
irréductibles adversaires. Celui qui sent que son

opinion ne rallie pas les suffrages, pense lui donner une force irrésistible en élevant le diapason de sa voix jusqu'à des limites invraisemblables, et ses adversaires l'imitent avec ardeur, ce qui fait que, cette fois encore, Broussard se couche avec l'impression que chacune de ses oreilles a donné asile à un essaim de frelons.

C'est sans doute pour cela que plus tard, lorsqu'il cherchera à se remémorer les sensations qu'il a éprouvées à son arrivée à la colonie, il ne pourra jamais en avoir une conception très nette et il lui restera seulement le souvenir du grondement de la barre sur une plage inondée de soleil et parsemée de bagages épars.

III. — L'INITIATION A LA VIE DE BROUSSE.

Après une attente de quelques jours au cheflieu de la colonie, attente qui peu à peu menaçait de devenir énervante, Broussard a reçu sa désignation et son ordre de départ. Il avait craint très vivement d'être attaché à quelque bureau et cette perspective lui gâtait le plaisir réel qu'il prenait à observer les choses nouvelles dont il se trouvait entouré ; il lui aurait répugné d'être venu si loin pour exercer des fonctions que l'on peut si bien remplir en France, quand on se sent né — ou mûr — pour faire un « rond de cuir ». Mais toutes ces craintes ont été dissipées par la lecture des quelques phrases d'une décision l'envoyant au fin fond de la colonie : cette fois, c'est bien la réalisation du rêve de toute sa vie qui commence.

Quelques heures fiévreuses de préparatifs que son inexpérience rend incertains, quelques journées fatigantes de transbordements entre de petits vapeurs fluviaux et les wagons bien primitifs d'un embryon de chemin de fer en voie d'éclosion, quelques nuits passées un peu au hasard dans des locaux de fortune ou chez des officiers du génie qui, avec une inlassable affabilité, ajoutent à leurs occupations officielles et techniques le métier d'hôteliers bénévoles pour fonctionnaires de passage, et voici Broussard livré à lui-même et aux caprices d'une équipe de porteurs, au commencement du long ruban de route dont l'autre bout se trouve, par delà quelques centaines de kilomètres de forêts, de savanes et de brousse, au poste qu'il lui faut gagner : *son* poste.

Tout d'abord, son attention se porte sur les gens qui l'entourent, qui vont être durant bien des journées ses compagnons de voyage, je veux dire sur ses porteurs. Il a lu en France des articles de journaux dont les auteurs dénonçaient éloquemment « les atrocités du portage humain, cette nouvelle forme de l'esclavage, ce monstrueux reste de la barbarie primitive éclaboussant de ses hontes la pure lumière de la civilisation moderne », etc., etc. Et, encore plein de ces lectures, il s'apitoie en lui-même sur le sort de ces malheureux frères en humanité, condamnés par la fatalité à jouer le rôle de bêtes de somme ; il serait presque tenté de leur adresser des excuses pour la pénible nécessité où il se trouve d'être la cause involontaire de leurs fatigues. Peu à peu cependant, à mesure qu'il rencontre des caravanes d'indigènes transportant pour leur propre compte des fardeaux qui pèsent souvent le double du poids d'une cantine d'Européen, qu'il voit ses porteurs, tout en marchant, causer et rire entre eux, et, le soir, au village d'étape, danser joyeusement jusqu'à minuit, l'intensité de sa pitié diminue et il en arrive à se demander si ce métier de porteur, que les Noirs exercent sans doute depuis qu'ils sont apparus sur la terre, est beaucoup plus pénible ou plus dégradant que tant de métiers exercés en Europe par les disgrâciés de la fortune que nous appelons cruellement des « hommes de peine » ; il songe que bien des mineurs de nos houillères, bien des chauffeurs de nos paquebots, échangeraient peut-être volontiers leur sort contre celui de ces gens qui ne travaillent après tout que quatre à cinq heures par jour et ont au moins l'avantage de passer leur vie en plein air et de respirer autre chose que de la poussière noire en suspension dans des gaz malsains. Et le jour où il lui arrive d'être abandonné en pleine forêt par des porteurs appartenant aux populations, peu scrupuleuses dans l'exécution des contrats, qui se rencontrent encore en certains points de nos colonies ouest-africaines, il se prend à penser que nos philanthropes en chambre feraient peut-être bien, avant de se lamenter sur le sort des Noirs, d'attendre qu'il n'y ait plus en France de malheureux, de gens sans asile et sans pain, ni de travailleurs qui ruinent leur santé et celle de leurs descendants pour le bénéfice de la société la plus civilisée du monde. Si, au lieu de se contenter de jeter négligemment leurs charges sur le bord du sentier, quelques porteurs ont pris la fuite en emportant le bagage à eux confié — la chose arrive encore, quoique de plus en plus rarement — l'apitoiement de la première heure fait place dans le cœur de Broussard à un sentiment très voisin de la colère, et qui a bien quelque excuse.

Le contact avec les indigènes modifie ainsi peu
à peu les notions acquises en Europe ou les
idées toutes faites, il émousse les sentiments
extrêmes par leur frottement avec les leçons de
l'expérience, et ce « tassement » dont on a parlé
à Broussard lors de son débarquement s'opère
petit à petit dans son esprit, insensiblement et
presque à son insu. Après les porteurs, ce sont
ses domestiques qui l'intéressent, ses « boys »
pour user de l'expression anglaise universellement
adoptée dans la colonie. Il les a engagés sur la
plage, à peine débarqué : car, s'il a déploré
l'absence de portefaix, il s'est vu très vite assailli
de demandes d'emploi de la part de jeunes gar-
çons qui, dans un détestable « petit-nègre », énu-
méraient leurs aptitudes à « faire service » et à
« faire cuisinier ». Dans la pratique, il s'est trouvé
que ces aptitudes étaient plutôt médiocres, mais
comme Broussard ne s'attendait pas à être servi
en Afrique comme dans les hôtels privés du
faubourg Saint-Germain — où il a peu fréquenté,
d'ailleurs — il en a pris facilement son parti et
s'est habitué sans trop de peine à voir filtrer son
café à travers le torchon qui a servi à essuyer la
vaisselle et à manger des sauces où l'eau et la
graisse constituent les seuls assaisonnements per-
ceptibles. Il espère philosophiquement que « ça
se tassera », et en effet « ça se tasse » petit à petit :
le boy en arrive à devenir presque propre, un
nouveau cuisinier rencontré en route remplace
avantageusement l'ancien, et, après plusieurs
écoles déplorables, Broussard se rend compte
que la colère et les invectives n'ont que des
résultats négatifs sur le perfectionnement des
serviteurs noirs, et que l'on n'obtient d'eux un

rendement convenable qu'en leur adressant la
parole le moins souvent possible, en évitant à la
fois les emportements et les familiarités, et en
n'exigeant d'eux qu'un petit nombre d'actes
— ou de plats — qu'ils finissent par exécuter
avec la régularité sans initiative mais satisfai-
sante d'une machine.

Dans les villages traversés, la patience du néophyte est soumise à un rude apprentissage.
L'accueil est tantôt indifférent, tantôt légèrement
méprisant, tantôt affable; l'accueil affable est
d'ailleurs le plus rare et Broussard ne le rencontre guère que dans les régions privilégiées où
l'occupation française, ayant remplacé l'oppression de quelque tyran ou tyranneau indigène ou
ayant débarrassé le pays de quelque Attila africain, les habitants manifestent aux Européens,
sans doute par suite d'une comparaison plus ou
moins consciente, une certaine dose de recon-
naissance. En général on montre peu d'empres-
sement vis-à-vis de ce voyageur inconnu, que son
jeune âge et l'absence de galons et d'une impo-
sante escorte ne désignent pas suffisamment au
respect des foules: puis, le long de la route de
ravitaillement, on a vu circuler tant d'Européens
que le passage d'un Blanc n'excite plus la curiosité
d'antan.

Le plus souvent Broussard rencontre au village
d'étape une sorte de hangar ou un groupe de cases
qu'a fait édifier l'administration à l'usage des
voyageurs, et il s'y installe, non sans quelque
plaisir d'avoir achevé les 25 ou 30 kilomètres
quotidiens. Mais d'autres fois, dans les régions
plus récemment organisées, ce gîte d'étape fait
défaut, et force est au voyageur de demander

l'hospitalité dans une habitation indigène : la saleté y règne moins qu'il se l'était figuré, parfois même la case est très propre, mais elle est généralement étroite, basse de toiture, pourvue d'une unique ouverture qui donne accès au soleil, mais ne laisse pas entrer suffisamment d'air. Les moutons du village, les chèvres, les poules, sont d'un sans-gêne remarquable et font à chaque minute irruption dans l'unique pièce, aussitôt revenus que chassés, et non sans faire un grand vacarme qu'ils continuent dans la rue de concert avec les chiens et les bœufs. Le soir, excédé par la chaleur emmagasinée entre les murs d'argile surchauffés, Broussard fait installer au dehors sa table pliante afin de dîner au frais, mais mille insectes attirés par la lueur de la bougie viennent visiter son visage et ajouter aux sauces du cuisinier des ingrédients aussi variés qu'imprévus. La nuit, ces bestioles ennuyeuses mais inoffensives sont parfois remplacées par des moustiques, dont la piqûre est rendue plus terrible par la crainte de ses effets, crainte que les théories médicales récentes ont éveillée dans l'esprit de tous les apprentis coloniaux. Et quand les moustiques sont absents, ou quand une moustiquaire bien comprise met le dormeur à l'abri de leur aiguillon, sinon de leur énervant bourdonnement, voilà que les indigènes s'offrent le plaisir d'une danse interminable, accompagnée de chants d'une exaspérante monotonie, et rythmée par des tambours, des crécelles, des trompes et autres instruments de musique aussi bruyants que peu harmonieux.

N'avais-je pas raison de dire que notre héros trouve, dans cet apprentissage de la vie de brousse, une occasion magnifique de s'exercer à la patience ? Ne soyons pas étonnés s'il n'arrive pas tout de suite à la sereine impassibilité, et s'il lui échappe de pester à haute et intelligible voix, en termes qui n'appartiennent pas tous au langage châtié des salons, contre tous ceux — bêtes et gens — qui l'empêchent de goûter un repos pourtant bien gagné. Mais il y arrivera, c'est l'affaire de quelques jours, ou de quelques semaines, ou de quelques années, selon les tempéraments.

Ce n'est pas seulement à la connaissance de la population indigène, de ses manières extérieures, de son caractère qui, sous des dehors familiers, se livre si peu, que Broussard est initié par son voyage vers la lointaine résidence qui lui a été assignée; c'est aussi à la nature africaine, à la *brousse*, pour résumer d'un mot, au sens large quoique assez précis, toutes les formes diverses que revêtent la terre et sa végétation, là où l'homme ne les a pas trop tourmentées. J'aurais dû même commencer par là, car la nature nous devient familière beaucoup plus vite que l'homme; nous sommes déjà depuis longtemps habitués à la terre alors que ses habitants nous sont encore presque étrangers. Des lectures mal digérées de relations souvent fantaisistes, des théories conçues *a priori* dans notre esprit sans que nous sachions trop pourquoi, ont pu faire naître en nous des idées très fausses sur la nature d'un pays, de son sol, de sa flore, de ses cours d'eau, de son orographie : ces idées ne résistent pas à une observation — même distraite — du pays lui-même, l'illusion s'envole devant l'aspect brutal de la réalité et elle ne revient plus. Tout au contraire, les idées fausses que s'est forgées notre esprit sur les habitants d'un pays constituent un obstacle très sérieux à la perception nette de ce que sont ses habitants : elles nous amènent presque invinciblement à des raisonnements dont le point de départ est une conception purement subjective de l'objet et dont l'aboutissement par suite est fatalement l'erreur, l'erreur d'autant plus difficile à détruire qu'elle repose sur une base qui nous apparaît un intangible axiome. Et il nous faut une longue accoutumance aux êtres, en même temps qu'une forte discipline de l'esprit et une dose puissante de conscience dans l'observation, pour que nos yeux s'ouvrent enfin à la vérité et que nous voyions les hommes tels qu'ils sont, et non plus tels que nous croyions qu'ils dussent être ou tels que nous voulions qu'ils fussent.

C'est ainsi que Broussard, qui avait lu Stanley et toutes les élucubrations des sous-Stanley et avait retenu surtout les titres pompeux des ouvrages et leurs gravures-réclames, était persuadé, comme tout le monde, qu'il allait ressentir quelque religieuse émotion en pénétrant pour la première fois « sous les ténèbres opaques de la sombre et mystérieuse forêt tropicale, aux fourrés impénétrables où une épaisse couche d'humus, accumulée par des siècles de pourriture végétale, entretient une humidité dont les rayons absents du soleil ne peuvent arriver à triompher et qui favorise l'éclosion de milliards de moustiques, sans parler des reptiles de toutes formes et de toutes dimensions ». Or, après un jour de marche sous les arbres de la forêt dense, il savait déjà que la « religieuse émotion » a besoin, pour être éprouvée, d'une imagination surexcitée ; que les ténèbres ne sont opaques — même dans les

fourrés — que lorsque le jour a fait place à la nuit;
que de nombreux sentiers traversent cette « forêt
impénétrable », où les chasseurs indigènes s'aven-
turent d'ailleurs sans hésitation en dehors de
toute piste frayée; que l' « épaisse couche d'humus » se réduit le plus souvent à 5 centimètres
à peine d'une poussière légère; que l'humidité
du sol, en saison sèche tout au moins, est un
mythe, ce qui d'ailleurs est regrettable lorsqu'il
faut marcher une journée entière sans traverser
autre chose, en fait de rivières, que des lits garnis
de feuilles jaunies et sans trouver d'autre boisson
qu'une sorte de boue blanchâtre jalousement
conservée par les indigènes pour leurs besoins;
que, si les insectes sont nombreux qu'attire la
nuit la lueur des bougies, les moustiques n'apparaissent que bien rarement en pleine forêt et ne
se montrent en général que dans les endroits
dénudés, en vue des cultures ou à l'intérieur des
villages; que les reptiles enfin se cachent si bien
qu'il est difficile d'en rencontrer, même lorsqu'on
les cherche pour envoyer leurs dépouilles au
Muséum.

Il a eu très vite fait de sentir et de voir tout
cela et d'apprécier la grande forêt à sa juste
valeur, qui du reste n'est pas négligeable, mais
il lui faudra beaucoup plus longtemps pour
s'apercevoir que les habitants de cette forêt ne
sont pas, comme le lui a enseigné l'opinion cou-
rante, des « brutes stupides et paresseuses livrées
aux pratiques avilissantes d'un fétichisme grossier ».

Peut-être même aura-t-il à lutter contre une
auto-suggestion assez fréquente chez les jeunes
coloniaux : peut-être, par l'effet d'une réaction

trop brusque et trop instructive, ou à cause d'un subtil esprit de contradiction qui nous porte à admettre d'emblée l'opposé de ce que nous avons entendu proclamer autour de nous, voudra-t-il se persuader que ces « brutes stupides et paresseuses » sont des intelligences supérieures et des travailleurs infatigables, et que leur « grossier fétichisme » est l'expression raisonnée de la plus raisonnable des religions. Et, à force de vouloir se le persuader, peut-être le croira-t-il réellement : et, partant de ce nouvel axiome qu'il se sera forgé à lui-même par haine d'une erreur qui pourtant n'était pas plus profonde que la sienne, il trouvera facilement dans ses observations journalières, en les éclairant sous un certain jour, des preuves qui lui paraîtront irréfutables du système qu'il a d'abord bâti de toutes pièces dans son esprit. Mais, au bout d'un certain temps, tout cela « se tassera » comme le reste et, entre les deux théories extrêmes, il apercevra la saine vérité et se convaincra que les nègres, même ceux de la forêt, sont tout simplement, quant au fond, des hommes comme les autres, que leur isolement a conservés dans une grande ignorance et une plus grande méfiance de ce qui n'est pas eux-mêmes et la petite région où il se meuvent, qui travaillent — ainsi que chacun de nous — juste autant qu'il est nécessaire pour la satisfaction de leurs besoins, et chez lesquels la crainte perpétuelle de malheurs qu'ils ne peuvent conjurer et dont ils ne savent expliquer la cause ni l'origine, a maintenu des croyances et des pratiques superstitieuses auxquelles n'ont pas échappé et n'échappent pas encore les peuples les plus cultivés d'Europe.

Mais peut-être aussi notre Broussard est-il assez peu préoccupé de ces divers problèmes sociologiques et les réflexions qui remplissent son esprit durant les longues heures de marches sont-elles d'un ordre moins abstrait et plus terre à terre. Sans doute songe-t-il seulement qu'il est dur de faire à pied une trentaine de kilomètres par jour, par une température de 30° à l'ombre, sur des pistes au sol inégal, tantôt vaseux, tantôt rocailleux, où les racines et les troncs abattus constituent autant d'obstacles pénibles à franchir ; sans doute regrette-t-il les bonnes routes de France, qu'il a d'ailleurs suivies en voiture, à bicyclette — peut-être en automobile — bien plus souvent que sur ses jambes ; sans doute se dit-il que ceux-là ont bien de la chance qui ont été affectés à des colonies où les voyages se font en chemin de fer, en bateau, à cheval ou en filanzane : ce sont ces réflexions qui doivent surtout assaillir son esprit, alors que, épongeant son visage mouillé de sueur, traînant ses pieds endoloris, il fait demander à ses porteurs de bagages quelle est la distance qui le sépare encore du village d'étape et que lesdits porteurs, cousins germains de nos paysans de Normandie, lui répondent avec flegme : « C'est loin un peu, mais ce n'est pas loin. »

Bientôt d'ailleurs l'entraînement produit ses effets salutaires ; Broussard devient plus agile à franchir les obstacles ou à les éviter ; il s'habitue à partir de meilleure heure et à diminuer le nombre et la durée des haltes, afin d'arriver à l'étape avant la forte chaleur du milieu de la journée. Puis, la forêt une fois laissée derrière lui, il respire plus à l'aise ; son esprit se distrait à contempler des horizons plus larges, à deviner l'approche des villages à certains signes qui lui deviennent familiers. Parfois il a la chance d'arriver en un pays où la nature du terrain et les ressources locales ont permis de transformer le sentier en une véritable route, et même de mettre des hamacs, des filanzanes ou des chevaux à la disposition des voyageurs. Et il prend goût à cette existence vagabonde, il s'intéresse aux menus incidents du voyage, aux caravanes croisées le long de la route, aux changements du paysage, aux cultures observées dans les champs qu'il traverse. Il agrémente ses menus de quelques perdrix ou pintades tuées le matin aux abords de la route; il a parfois l'émotion de voir s'enfuir un troupeau d'antilopes sur lequel il tire, régulièrement en vain, quelques coups de fusil. Il se sent devenir « broussard » et, sans le dire, il en est fier.

Et le soir, au campement, après avoir siroté à petits coups sa timbale de café et tout en regardant s'envoler dans l'air calme la fumée de sa cigarette, sous les étoiles qui brillent d'un éclat singulier, ou bien sous les nuages sombres que viennent strier de zigzags de feu des éclairs muets se succédant sans arrêt, ou encore sous la lueur blanche d'une pleine lune dont le pouvoir éclairant ne lui a jamais paru si grand en Europe, il rêve. Il songe qu'il est seul, bien seul, seul à penser, alors que tous les êtres humains qui l'entourent dorment d'un sommeil profond. Le silence n'est rompu que par le crissement des ailes des grillons, le coassement des grenouilles ou les cris étranges d'oiseaux et de mammifères nocturnes aux noms inconnus, parfois par le grognement lointain d'un léopard ou le hurlement plus proche d'une hyène. Mais de bruits humains, l'on n'en entend pas. Et Broussard se complaît à se dire qu'il est seul, loin de l'agitation factice de nos grandes villes, loin de tout et de tous ; et il en éprouve une véritable jouissance, une jouissance toute neuve, qu'il avait à peine prévue dans ses rêves de voyages aux pays exotiques, une jouissance qui, durant de longues années, l'attachera plus que toute autre chose à cette vie qu'il inaugure maintenant : comme les amateurs d'automobile se grisent de vitesse, il se grise de solitude.

IV. — La vie au poste.

Le dernier jour du long voyage est arrivé ; à l'horizon, en haut d'un mât encore invisible, le drapeau tricolore forme sur le ciel pâle une tache qui grandit peu à peu et qui met en joie le cœur de Broussard : joie faite d'un peu de chauvinisme, d'un peu de ce sentiment qui, quoi qu'on en dise, sommeille au fond de chacun de nous et se réveille bien facilement, même chez le plus farouche internationaliste, lorsqu'il est isolé à quelques milliers de lieues de la patrie où reposent ses ancêtres ; joie de nature moins élevée et plus concrète aussi, joie d'en avoir fini avec la vie nomade et de trouver enfin un « chez soi ».

Car, tout aussi bien que l'Anglais amoureux du *home*, le Français est amoureux de son « chez soi », ce qui ne veut pas dire qu'ils soient casaniers l'un ou l'autre : la principale différence entre eux est que l'Anglais emporte son *home* avec lui et se trouve désemparé s'il l'a oublié, tandis que le Français ne s'embarrasse de rien, mais, où qu'il se trouve, dans quelque condition défavorable qu'il soit placé, sait se créer un « chez soi », modeste et peu coûteux, mais suffisamment confortable. C'est ainsi qu'en arrivant au poste où il va demeurer plusieurs mois, peut-être plusieurs années, Broussard ne peut se retenir d'admirer l'ingéniosité du collègue plus âgé ou plus gradé qui a fondé ou organisé ce poste : il apprend, non sans quelque étonnement doublé d'une certaine fierté nationale ou simplement professionnelle, comment on se « débrouille » au centre de l'Afrique française; comment, avec des crédits ridiculement infimes et une main-d'œuvre inexistante ou du moins non prévue, on fait sans bruit des résidences agréables, des meubles pratiques, des jardins élégants, des potagers fructueux, toutes choses comme « ils n'en ont pas en Angleterre » !

Reçu en camarade par celui qui va être son chef, son « professeur de brousse » et de vie coloniale, Broussard goûte une joie enfantine à sortir enfin de ses malles les bibelots familiers, les livres, les objets divers qui y étaient enfouis depuis le départ de France, à les ranger sur les étagères primitives ou dans les armoires grossières en bois brut du pays, à attribuer à chacun sa place définitive, en un mot à se constituer son « chez soi ». Le plancher peut être de terre durcie, les murs en brique crue peuvent être peints d'une couche d'argile blanche en guise de ripolin, la toiture peut être de paille ou de palmes de roniers, les araignées peuvent tisser leurs toiles dans les angles de la « case », les crapauds peuvent dormir dans le frais voisinage de la jarre qui contient la réserve d'eau, les rats peuvent circuler à l'aise d'une pièce à l'autre et les termites peuvent édifier leurs travaux souterrains aux dépens des caisses oubliées à même le sol : ce ne sont là que des contingences négligeables. Après un mois au plus de voyage et de campements toujours provisoires, Broussard a *sa case*, il est *chez lui*, et il est heureux.

Durant les premiers repas, qu'il prend en commun avec son camarade — je dis « son » camarade, car les petits postes de brousse sont rares encore où se trouvent à la fois plus de deux Européens, et souvent le chef de poste est absolument seul, — la conversation ne languit pas : chacun des deux convives vient d'être seul durant plusieurs semaines et, par suite, n'a pas causé depuis longtemps, car ce n'est pas causer que donner en « petit nègre » des ordres de service aux subordonnés indigènes ou régler les « palabres » par l'intermédiaire d'un interprète ; aussi tous deux se rattrapent, et se rattrapent en parlant tous les deux à la fois, ce qui ne paraît pas les gêner. Le chef de poste est avide d'avoir des nouvelles de la France, du chef-lieu de la colonie, des camarades rencontrés par son convive, et il pose mille questions à celui-ci sur ces divers sujets ; mais, sans presque attendre les réponses, il cause, intarissablement, de *son* poste, de *ses* administrés, de ses demandes qui restent sans réponse, des progrès considérables qu'il a réalisés dans *sa* circonscription, où personne, naturellement, n'avait rien fait avant lui. Quant à Broussard, il pose, sans doute par politesse, des questions sur la politique locale, les mœurs des indigènes, etc., questions bien inutiles puisque les réponses lui arrivent sans qu'il les provoque, mais, sans écouter beaucoup ces réponses, il cause, intarissablement lui aussi, de la traversée, des épisodes du débarquement, des ennuis et des fatigues du voyage. Et cela continue ainsi jusqu'à ce que tous les deux aient les cordes vocales fatiguées, phénomène dont la manifestation coïncide très exactement avec la complète satisfaction du prurit de paroles dont ils étaient atteints l'un et l'autre.

Une nouvelle vie commence pour Broussard. Il s'aperçoit bientôt que la légende du fonctionnaire colonial passant sa vie couché dans un hamac, entouré de brunes beautés qui éventent le maître et préviennent ses moindres désirs, n'est qu'une légende, dont l'origine ne peut remonter qu'à l'imagination romanesque d'un chroniqueur en mal de copie. Il n'a pas besoin de huit jours d'expérience pour être convaincu que la somme de travail à fournir par un fonctionnaire colonial est notablement supérieure à celle que fournit habituellement le plus occupé des fonctionnaires de la métropole : nombreuses sont les paperasses à remplir, comme en toute administration qui veut se montrer digne de l'envie de l'Europe; mais, en outre, que d'occupations diverses incombent au jeune colonial, auquel on demande à peu près autant de connaissances qu'en possédait Pic de la Mirandole ! Successivement ou à la fois, notre Broussard se voit investi des fonctions de secrétaire, comptable, percepteur, juge, notaire, huissier, agent voyer, architecte, maçon, charpentier, jardinier, commis des postes, entrepreneur de transports, fournisseur d'armées, maquignon, médecin, météorologiste, infirmier, pharmacien,

topographe, caporal instructeur, commissaire de
police, inspecteur de la sûreté, et j'en oublie plus
que je n'en cite !

Il est d'abord un peu effaré, un peu désorienté,
et cela se conçoit ; ce qui le déroute le plus, c'est
que, dans l'exercice de ces attributions multiples
auxquelles son éducation antérieure l'a en général
peu préparé, il est forcé de concilier ce que lui
dicte son bon sens avec la lettre ou tout au moins
l'esprit de règlements qui semblent n'avoir prévu
exactement aucun des cas qui se présentent : et
il éprouve plus de difficultés à réaliser cette con-
ciliation qu'à concilier des plaideurs récalcitrants.
Peu à peu, « ça se tasse » ; il arrive à « prendre
le courant » et s'en tire assez bien, mais ses journées y passent, et parfois aussi ses nuits.

Malgré cela, malgré cette somme de travail à
laquelle il était loin de s'attendre, il prend goût
très rapidement à cette existence, car il a conscience de ne pas être seulement l'un des multiples rouages d'une machine administrative, il
sent *qu'il fait quelque chose,* qu'il fait — dans un
rayon restreint — œuvre de créateur. Malgré les
paperasses, malgré les règlements, il y a place
chaque jour pour son initiative. Et puis, dans sa
sphère modeste, il est le second, il sera bientôt
le premier, il l'est même intérimairement de
temps à autre, quand le chef de poste rapatrié
n'est pas immédiatement remplacé ; et tout cela
flatte la vanité inhérente au cœur de tout homme :
il songe qu'en France un fonctionnaire de son âge
serait l'un des mille rouages anonymes dont l'en-
semble constitue une grande administration,
tandis qu'ici, dans la brousse, il est quelqu'un, et,
à l'instar d'un maître du monde, il pense que

mieux vaut êtr^ le premier dans une infime bourgade que le second à Rome.

En dehors de cela d'ailleurs, il aime la nouveauté de cette vie un peu en marge du commun, son étrangeté, son indépendance : plus de conventions mondaines qui brident les instincts individuels. Dans la brousse, chacun se montre tel qu'il est, et c'est sans doute pour cela, beaucoup plus qu'à cause du climat ou du mauvais recrutement, qu'on a pu de temps à autre signaler — en généralisant beaucoup trop et en exagérant presque toujours — de trop fameux « scandales coloniaux »; les rares fonctionnaires ou officiers qui, dans la brousse africaine, se sont livrés à des actes de cruauté ou à des malversations n'étaient pour la plupart ni des cerveaux brûlés par le soleil, ni des individus ramassés à la porte des maisons de correction; mais sans doute appartenaient-ils à la catégorie de ceux que les théories modernes appellent des « criminels-nés » et que le langage ordinaire nomme simplement des gens doués de mauvais instincts. Ceux-là sont nombreux autour de nous; nous les coudoyons sans cesse dans la rue comme dans les salons les mieux fréquentés : mais leurs instincts, contrariés par les obligations résultant du milieu, ne se révèlent pas, et ces gens, en Europe, peuvent vivre et mourir avec une réputation non usurpée de parfaite honnêteté. Jetez-les dans la brousse, sans contrôle, dégagés de ces obligations qui, en France, dictaient chacun de leurs actes, chacun de leurs gestes, donnez-leur une autorité qui les grise, et par-dessus le marché exigez d'eux des résultats sans leur donner les moyens normaux de les obtenir, et ces mêmes hommes qui eussent été honnêtes en Europe, deviennent des criminels en Afrique.

Ils sont rares, et ne sont pas plus estimés dans la brousse qu'en France, mais peut-être y sont-ils jugés plus sainement. Broussard a entendu citer quelques noms, remontant pour la plupart à une époque éloignée, au cycle des temps héroïques où il s'est accompli de si grandes choses que quelques ombres au tableau ne peuvent arriver à en ternir l'éclat.

Malgré que la vie coloniale, pour tous les motifs indiqués plus haut et pour d'autres encore spéciaux à chaque individu, devienne de plus en plus chère à notre héros à mesure qu'il s'y fait davantage, il n'oublie pourtant pas la France, ni les affections qu'il y a laissées.

Lorsqu'approche la date habituelle d'arrivée du courrier, Broussard se sent pris d'une sorte d'énervement difficile à combattre; et lorsque cette date s'est écoulée sans qu'on ait signalé le courrier attendu, l'énervement s'accroît, il devient agressif, la moindre plaisanterie est prise du mauvais côté, les grands chefs sont traités sans respect, les réclamations apportées par les administrés sont rejetées ou remises à huitaine, et les « boys » font bien de ne pas choisir malencontreusement cette période pour casser une assiette ou un verre. Broussard, devant les camarades, affecte un air détaché, il dit : « Le courrier? je m'en fiche! je n'attends rien, moi, personne ne m'écrit, et ça vaut bien mieux ainsi. » Et chacun d'ailleurs en dit autant. Mais, par une coïncidence surprenante, il se trouve que, après être allés se promener l'un au jardin, l'autre au village, l'un à l'Est, l'autre à l'Ouest, tous se rencontrent en un même point, un petit coteau d'où l'on domine un long morceau de ruban gris qui est la route de France, la route par où doit venir le piéton chargé des sacs postaux !... On se regarde en dessous, l'air moitié riant, moitié bourru, et, ma foi ! puisque chacun s'est ainsi découvert, pourquoi bouder plus longtemps contre ce que chacun ressent au fond de lui-même tout en refusant de l'avouer? Tous donc, d'un accord tacite, descendent le coteau et suivent la route en s'écartant du poste, jusqu'à ce que la nuit tombe et empêche de distinguer quoi que ce soit à dix pas. Alors, mélancoliquement, sans un mot, on s'en revient, non sans se retourner chaque fois que se produit un bruit ressemblant à celui d'un pas sur le sol dur du sentier, puis on s'attable tristement pour le repas du soir, sans grand appétit. Les « boys » savent ce que c'est et glissent, silencieux, posant les plats avec précaution. Parfois, l'un des convives, en reposant son verre, traduit le sentiment général d'une exclamation sourde : « Sale pays ! » Tous ces yeux mornes penchés sur les assiettes regardent en réalité bien plus loin : ils regardent par delà la brousse et le désert, par delà la mer, vers la maison natale, vers la nappe blanche autour de laquelle sont assis les vieux, ou les petits, ou la fiancée, ou la femme, qui songent dans le même silence au fils, au père, au fiancé, au mari lointain, dont les nouvelles mettent si longtemps à venir et qui peut-être à cette heure est seul, grelottant de fièvre sur son lit de camp.

Mais du fond de l'ombre a surgi un homme qui se montre tout à coup dans le cercle de clarté répandu par les photophores, et, avec un halètement de fatigue, il se débarrasse de son fardeau :

un grand sac de toile bourré de paquets. Tout le monde s'est levé : Broussard s'est emparé d'un couteau et hâtivement coupe les liens qui ferment le sac ; un camarade saisit le sac par le fond et, le tirant à lui d'un coup sec, en répand le contenu sur le sol de la salle à manger ; un autre procède au dépouillement, laissant d'abord de côté les journaux pour faire le tri des lettres et des cartes postales parfois plus chères que les lettres, dont il appelle à haute voix les destinataires. Et tout de suite, on n'entend plus qu'un bruit d'enveloppes violemment déchirées, de papier froissé, de pages fiévreusement tournées. Les visages se rassérènent, les bouches se distendent, les yeux deviennent rieurs, parfois humides : une bouffée d'air de France a soufflé sur ces exilés, leur apportant un peu de vrai bonheur. Et dans leur émotion, ils ont oublié le pauvre instrument de leur joie, ce modeste facteur de brousse qui a fait en cinq jours et à pied 200 ou 225 kilomètres pour apporter ce sac de dépêches, et qui, accroupi sur le sol, attend qu'on veuille bien songer à lui.

Ce n'est pas seulement l'attente des nouvelles de France qui produit chez Broussard ces mouvements d'impatience et d'énervement dont nous parlions tout à l'heure ; c'est aussi quelque désagrément passager causé par une discussion avec un collègue au sujet d'un domestique, ou une divergence de vues avec un supérieur au sujet d'une affaire de service : bien petites causes, en général, mais qui, par suite sans doute du phénomène de la dilatation, prennent vite sous les tropiques une importance considérable. Au bout de trois ou quatre désagréments de ce genre, Broussard se sent devenir grincheux, le climat lui paraît moins agréable, les indigènes moins dignes d'intérêt, le métier moins captivant ; il a des moments de plus en plus fréquents de spleen, des accès de nostalgie de plus en plus longs : c'est presque de la neurasthénie, c'est en tout cas de la « soudanite », c'est quelquefois une maladie réelle qui commence, un accès palustre, un mouvement bilieux. Couché sur son lit, en proie à la fièvre, la bouche et la tête brûlantes, les membres glacés, agités d'un frisson convulsif, Broussard ne voit plus en rose la vie coloniale, et, tout en absorbant l'écœurante tisane de *bentamaré* ou les hautes doses de quinine, il en vient à penser que « la meilleure des colonies, c'est encore la France ».

Mais avec la convalescence, son énergie lui revient : cependant, il s'aperçoit très bien que, s'il n'y a rien de cassé, il y a tout au moins quelque ressort distendu ou faussé, la machine tant morale que physique ne marche plus aussi bien qu'auparavant. Il se rappelle alors un conseil que lui a donné un jour un vrai « vieux colonial » de passage er son poste, un de ces hommes qui inspirent la confiance à première vue, dont les jeunes sentent qu'ils ont tout à apprendre et dont ils acceptent les avis d'instinct. Ce « vieux colonial » lui a dit : « Quand vous sentez que la machine physique ne va pas comme à l'habitude, prenez de la quinine ; quand c'est la machine morale qui fonctionne mal, ou que ce sont les deux à la fois, allez en tournée si vous le pouvez : c'est le meilleur remède. »

Aussi, dès que les derniers vestiges de la fièvre ont disparu, dès que l'appétit est revenu et que les muscles ont repris leur élasticité et leurs dimensions normales, Broussard fait ses préparatifs et il part en tournée avec la même joie que l'écolier part en vacances : car il va rejoindre l'élément qui constitue — il le croit tout au moins bien fermement — sa seconde patrie, il va retrouver *la brousse*.

V. — LES TOURNÉES.

L'air est pur, la route est étroite, mais l'horizon large ; à défaut de clairon sonnant la charge, des oiseaux aux couleurs brillantes sonnent le joyeux réveil de la nature, l'appel à la vie qui recommence avec le jour ; le ciel, d'un bleu pâle, se teinte d'une nuance plus pâle encore le long des collines qui semblent plus bleues que lui ; le soleil encore très bas met de la gaieté dans l'atmosphère sans y mettre encore de la chaleur ; une fraîche brise du Nord agite les frondaisons nouvelles des arbres qui se parent de toutes les nuances du vert, depuis le vert tendre et velouté des bourgeons à peine éclos, jusqu'au vert sombre et métallique des feuilles déjà dures et largement ouvertes ; de petites fleurs sans prétention, sans couleur, à peine visibles sur les arbustes, répandent un parfum discret, un parfum de femme du monde, tandis que d'autres, aux corolles d'un blanc éclatant, mettent comme un manteau de neige sur les gros arbres touffus qui bordent les cours d'eau ; de petites plantes aux folioles fines et découpées sont toutes couvertes d'une buée de rosée qui prend, sous les rayons obliques du soleil, l'apparence d'une voilette en dentelle d'argent, les brins d'herbe semblent tous terminés par des perles ou des diamants et les panaches ténus de certaines graminées sont comme embus d'un brouillard diaphane. Sur les basses branches des arbres ou parmi les touffes d'herbe, les perdrix poussent leur cri de ralliement, et, les ailes lourdes encore de l'humidité nocturne, se détournent à peine au passage de la petite caravane. Les vanneaux courent le long des affleurements rocheux où subsistent de petites mares brillantes, ou volent en cercle et presque au ras du sol, en faisant entendre des cris aigus.

Après les chaudes et lourdes journées de mars, les premières ondées d'avril ont réveillé le sol de sa longue torpeur, et, sur la terre africaine comme sur la terre de France, c'est le printemps qui commence son règne.

Arpentant gaillardement le sentier de ses jambes solides et jeunes, ou chevauchant à la suite de son léger convoi, Broussard aspire l'air du matin, il s'emplit les poumons d'oxygène, il se sent libre, bien portant et joyeux, il lui semble que c'est en son honneur que la nature chante l'hymne éternel de la renaissance à la vie, il serait tenté de se prendre pour un roi visitant ses domaines, et en effet il est bien là chez lui, dans la brousse reconquise, qui lui souhaite la bienvenue.

Il n'est plus, comme lorsqu'il venait de la côte pour rejoindre son poste, le voyageur anonyme qui suit une route tracée d'avance, qui n'a pas d'autre objectif que d'aller devant lui, qui ne prend fatalement qu'un intérêt secondaire à un pays qu'il ne fait que traverser, à des hommes avec lesquels il n'aura plus de relations. Il est maintenant le « commandant » ou l'adjoint au « commandant », il porte à la nature et aux gens qui l'entourent le même intérêt que porte le propriétaire à ses terres et à ses fermiers, il va où il veut aller, il est maître de son itinéraire, de ses mouvements, du choix de ses gîtes d'étape, et c'est aujourd'hui seulement qu'il goûte pleinement, sans arrière-pensée, le charme mystérieux de la vraie vie coloniale, d'une vie au grand air dont nos snobs amateurs de *camping* n'ont et n'auront jamais que l'illusion plus qu'imparfaite.

Ah ! qu'il avait raison, le « vieux colonial » qui lui a dit : « Lorsque vous sentirez venir la neurasthénie ou le spleen, partez en tournée. »

Cependant la route se poursuit : les savanes succèdent aux savanes, semées de place en place d'amas de rocs granitiques ou de plateaux de latérite ferrugineuse, coupées par des ruisseaux que remplissent des nénuphars ou de hautes herbes aquatiques, et par des rivières plus larges, plus profondes surtout, roulant leurs eaux claires ou bourbeuses sous l'ombre épaisse d'arbres et de lianes enchevêtrés. Puis ce sont de petits bosquets ombreux ou des forêts clairsemées, et encore des savanes aux arbres rares et mal venus, et des champs d'ignames, de maïs, d'arachides, d'autres champs encore que les indigènes sont en train de labourer, courbés en deux sur ce sol pauvre en terre végétale, le râclant à grands coups de leurs houes à manche court afin de ramasser tout l'humus utilisable en de hautes buttes qui bientôt recevront la semence.

Le soleil commence à se faire sentir, la rosée du matin s'est évaporée, le ciel est devenu plus bleu, l'air chaud tourbillonne au-dessus des herbes, une lumière intense baigne les êtres et les choses, et les ombres, tout en diminuant d'étendue, deviennent plus opaques. Broussard est moins joyeux qu'au lever du jour, mais il éprouve une autre sensation qui ne manque pas, elle aussi, d'un certain charme: il s'était grisé de printemps, il se grise maintenant d'été, il prend un bain de soleil et de chaleur ; il s'absorbe dans la « flamme implacable » de l'astre dont il comprend les « paroles sublimes » et, se répétant à lui-même l'immortel *Midi* de Leconte de Lisle, il s'achemine

> ... à pas lents vers les cités infimes,
> Le cœur trempé sept fois dans le néant divin.

Toutefois, comme toute poésie gagne à ne pas se prolonger trop longtemps, il est heureux d'arriver en une de ces « cités infimes ». Bien infime, en effet : pauvre hameau d'une vingtaine de huttes, abritant à peu près autant de cultivateurs qui n'ont d'autre richesse que le produit de leurs récoltes. Mais Broussard a déjà assez d'expérience pour savoir que les plus petits villages sont en général ceux où l'on est le mieux reçu, le mieux installé, le plus tranquille, et que l'adage *parva domus, magna quies* est aussi vrai en Afrique qu'à Rome. Justement celui-là possède à l'entrée un de ces arbres centenaires et touffus dont le frais ombrage invite au repos et à travers le feuillage épais desquels le soleil ne filtre que sous forme de rares et minces gouttelettes de lumière dorée. Broussard s'arrête à cet endroit propice, s'assied béatement sur sa chaise Archinard, rafraîchit ses lèvres et son gosier d'une grande lampée d'eau pure qu'une femme lui présente dans une calebasse, et il goûte en toute sécurité le réel plaisir de l'ombre après le soleil, du repos des muscles après une saine fatigue.

Rarement visités par un Européen, les indigènes s'empressent, mus à la fois par un sentiment bien naturel de curiosité et par le désir d'être agréables à ce Blanc qui est leur chef et contre la colère duquel ils seraient sans défense, à cause de leur petit nombre. Car chez les natures primitives et habituées depuis des siècles à la loi du plus fort, la peur, même non justifiée, produit souvent un résultat qu'on serait tenté d'attribuer à la sympathie.

Le chef, pauvre vieillard vêtu de quelques haillons, vient saluer Broussard humblement et lui apporte son tribut : un poulet, quelques œufs, quelques fruits. Dans son esprit, en effet, c'est un tribut, mais Broussard l'accepte comme un cadeau de bienvenue, et le soir il gratifiera son hôte d'un cadeau d'au moins égale valeur ; cela remplira d'aise ce pauvre chef d'un plus pauvre hameau, mais diminuera un peu son respect pour le chef blanc qui, au contraire du commun des chefs noirs, rembourse à ses sujets les tributs qu'il reçoit d'eux. Des femmes cependant nettoient et balaient la meilleure des cases du village, et Broussard s'y installe, fait un brin de toilette et s'assied avec un superbe appétit devant le frugal repas que son cuisinier, devenu très expert, a su préparer en une demi-heure.

Durant l'après-midi, il met au net les notes prises en cours de route, ou bien il fait le « topo » de l'itinéraire levé le matin, ou encore il procède au recensement du village, s'enquiert des mœurs des habitants, de leurs besoins, de leurs petites affaires, de leurs « palabres », de leurs récoltes ; leur fait, en termes simples et appropriés à leur culture intellectuelle, une petite conférence sur la nécessité et la raison d'être de l'impôt, sur l'utilité d'entretenir les routes, sur les meilleurs procédés de récolte du caoutchouc, sur les dangers de la monoculture ; il recommence en un mot son métier de colonial, de « bon à tout », et se fait l'éducateur universel de ces primitifs dont nous voulons, par un égoïsme utilitaire décoré du nom de philanthropie ou de devoir social, multiplier la capacité de production et de consommation · en style officiel, cela s'appelle « civiliser », et, après tout, le terme est juste, puisque la chose sert à accroître le degré de prospérité de notre civilisation. Un sceptique, rencontré il ne sait où, disait à à ce propos à Broussard : « Civiliser les nègres, ça ne leur fait pas de mal, ça leur fait peut-être même un peu de bien, et en tous cas ça fait certainement beaucoup de bien aux Blancs : donc, en résumé, c'est une œuvre excellente. »

Lorsque le travail a pu être terminé d'assez bonne heure — et il est terminé d'autant plus tôt que le village est moins populeux, ce qui confirme ce que je disais plus haut, que les plus petits villages sont les meilleurs — Broussard va faire un tour à la chasse avant que la nuit tombe. Au début de son séjour colonial, il était fort maladroit ; il ne rencontrait que fort rarement du gibier, le manquait presque toujours, et revenait régulièrement éreinté, avec une forte migraine, parfois avec un léger accès de fièvre. Mais il a acquis de l'expérience, là comme ailleurs : il ne traverse pas inutilement les grandes savanes baignées de soleil et presque toujours désertes, il connaît les as où se cache le gibier, il sait qu'il trouvera des perdrix dans les plantations de manioc ou le long des marigots ombreux, que les pintades affectionnent les clairières entourées de hauts arbres et les abords des marécages boi-

sés, que les bosquets avoisinant les rivières re-
cèlent souvent des « biches », et, après avoir ins-
pecté les environs d'un tour d'horizon, il se
dirige vers « le bon endroit », qui souvent est très
proche du village, et, sans se fatiguer, il rôde
dans la place, s'asseyant parfois sur un tronc ren-
versé, profitant de l'ombrage que lui offrent les
arbres, et il attend ou cherche le gibier tranquillement, en vrai « broussard », j'allais dire en vrai
braconnier. Car tout vrai colonial est un peu braconnier et Broussard dans la brousse est un peu
Maurin des Maures.

Tantôt bredouille, tantôt muni de quelque bête
de plume ou de poil, il regagne au crépuscule la
case qui est son auberge de fortune, et, après un
bain réparateur et un dîner léger, il rêve quelques
instants aux étoiles tandis que les bruits du village meurent un à un auprès de lui et que, plus
loin, s'éveillent progressivement les bruits nocturnes de la brousse, le cri du hibou, le hurlement de l'hyène, les appels stridents des chauves-
souris. Une bonne nuit de repos sur le lit de
camp, puis le réveil avant le jour, la toilette som-
maire, la tasse de café avalée bien chaude, et la
chevauchée recommence, à l'air frais du matin,
parmi la rosée et le chant des oiseaux.

A la longue cependant, la fatigue se fait sentir,
les distractions sans cesse répétées deviennent
monotones, et surtout Broussard est pris du
désir de revoir des visages connus ou simplement
des visages appartenant à des êtres de sa race.
C'est alors le retour au poste, retour accompagné
d'autant de joie que l'avait été le départ, c'est le
plaisir de retrouver les camarades, de leur raconter les incidents — toujours un peu grossis —

du voyage, en de longues causeries qui se pro-
longent fort tard la nuit et qui font briller dans
tous les yeux l'envie de partir aussi, de « faire une
tournée. »

VI. — Fin de séjour.

Broussard a maintenant plus de deux ans de
séjour : il n'a pas eu de maladie grave, la fâcheuse
bilieuse hémoglobinurique a passé près de lui
sans l'atteindre et son foie n'a pas pris trop d'am-
pleur ; néanmoins le climat a agi sourdement sur
ses divers organes et son état général, pour un
œil exercé, est bien celui d'un colonial en fin de
séjour. Les atteintes de « soudanite » deviennent
plus fréquentes et durent plus longtemps, la moindre contradiction le met de mauvaise humeur et
il en vient à se contredire lui-même pour le seul
plaisir de la contradiction. Avec ce système, il est
facile de prévoir ce qui va se passer s'il est en
rapports journaliers avec un autre colonial en
« fin de séjour » ; la vie devient presque un enfer,
puis l'accès de « soudanite » se termine, et tout
est oublié... pour quelques semaines, ou pour
quelques jours.

L'appétit a diminué, Broussard mange du bout
des lèvres et se montre injuste pour les talents
de son cuisinier. Où est le temps où, dans son
bel enthousiasme de néophyte, il trouvait parfaite
l'immonde ratatouille que lui confectionnait un
marmiton novice ? La quinine triomphe toujours
des mouvements fébriles, mais commence à indis-
poser son estomac. Le remède de la tournée,
autrefois si efficace, a perdu de sa puissance, et
d'ailleurs il est revenu fatigué de sa dernière tour-

née, les étapes lui ont paru plus longues, le soleil plus chaud, les hautes herbes plus désagréables, les cases indigènes plus inconfortables et les indigènes eux-mêmes moins intéressants. L'anémie, forme sourde et latente de la malaria, a fait son œuvre, amenant l'atonie du tube digestif et le relâchement des fibres musculaires.

Il le sent très bien, mais ne veut pas en convenir, et au camarade qui, après l'avoir bien observé, lui dit : « Vous êtes fatigué, vous devriez rentrer en France ! », il répond assez aigrement, avec un emportement mal dissimulé sous un sourire de bravade : « Fatigué ? moi ? jamais je ne me suis mieux porté ! je resterais encore dix ans à la colonie ! » Le camarade n'insiste pas, car il sait ce que c'est, ayant passé par là, mais chaque jour il regarde ces yeux qui deviennent de plus en plus brillants, ce teint qui verdit, ces joues flasques qui se creusent, ce dos qui se voûte, et il résume ses impressions en un hochement de tête discret et silencieux.

Cependant l'humeur de Broussard devient de plus en plus irritable et son « boy » n'est pas le dernier à s'en apercevoir. Pourtant il prend la défense du même « boy » avec une chaleur que celui-ci ne mérite assurément pas, si un camarade s'est permis d'adresser à ce domestique un ordre ou une remontrance : c'est souvent l'occasion d'une scission de « popotte » et voilà que Broussard veut manger seul, se confinant dans l'isolement et dans la mélancolie. L'arrivée du courrier de France, par un phénomène assez extraordinaire dont les causes profondes sont bien subtiles, ne provoque plus chez lui ces impatiences, suivies d'une joie réconfortante, qui étaient habituelles lors des deux premières années de son séjour. La lecture des journaux du reste n'est pas faite pour le remonter ; on n'y trouve qu'attaques, aussi violentes qu'injustifiées, contre les coloniaux, que l'imagination malveillante ou maladive d'un publiciste « humanitaire » accuse des pires atrocités. Broussard froisse les feuilles avec colère, les lance à la place qui leur convient — je veux dire au tas d'ordures — et se dit avec une vraie douleur, si cuisante que parfois elle fait couler de ses yeux de vraies larmes : « Et voilà ! allez donc ruiner votre santé, mener une vie plus dure que celle d'un casseur de cailloux, travailler dix à douze heures par jour, faire votre devoir et plus que votre devoir, pour être traité de tortionnaire, de satrape et de concussionnaire ! Qu'ils viennent donc ici, ces redresseurs de torts, ces négrophiles en chambre, ou même qu'ils se contentent donc de se regarder dans une glace, pour voir la poutre qu'ils ont dans l'œil ! » Et cet accès de juste colère est souvent suivi d'un accès de fièvre... Ah ! messieurs les cœurs tendres, qui pleurez des larmes de crocodile sur le sort des nègres que vous ne connaissez pas, et qui vivez du métier de calomniateurs, votre seule excuse est que vous ne savez pas ce que vous faites ni le mal que produit votre venimeuse copie !

Mais à côté de ces journaux dont la lecture pourrait presque suffire à lui faire prendre la France en dégoût, Broussard aperçoit sur sa table quelques enveloppes où son nom a été tracé par des mains qui lui sont chères ; il pense que la France est aussi le pays où vivent ses vieux parents, les amis de son enfance et de sa prime jeunesse, et qu'il y a là-bas des cœurs ne demandant qu'à le consoler, qu'à le guérir de ses tristesses et de sa mélancolie. Et dans la moiteur de l'oreiller de kapok où sa tête alourdie se laisse aller, les yeux vagues, le front en sueur, la nuque douloureuse, il se prend à rêver de prairies bien vertes, de routes où les grands frênes mettent une ombre fraîche, d'une maison blanche aux volets verts cachée sous un manteau de glycines, ou bien de paysages moins rustiques, de la longue perspective des Champs-Elysées se déployant entre ses deux haies de marronniers en fleurs avec, au bout, l'ensoleillement de la place de l'Etoile sous le couronnement grisâtre de l'arc de Triomphe, ou encore de la promenade triomphante de la Seine au travers de Paris depuis la masse gothique de Notre-Dame qui raconte le passé jusqu'à la statue américaine de la Liberté dont le bras levé montre l'avenir... Et dans l'un comme dans l'autre cadre, dans l'humble maisonnette campagnarde ou dans l'appartement parisien, des figures chéries lui apparaissent qui semblent se pencher vers son pauvre lit de broussard, des bras semblent se tendre pour l'accueillir, et, l'esprit hanté de ces visions douces, il s'endort... et se réveille guéri, pour adresser à qui de droit sa demande de congé.

VII. — Retour en France.

Depuis qu'il a reçu l'autorisation de descendre à la côte pour retourner en France, Broussard est rasséréné, il est redevenu gai et la « soudanite » a disparu définitivement. Aussi tout ce qui l'entoure, choses et gens, noirs et blancs, lui est de nouveau sympathique, et, au moment de quitter ce poste où il a vécu si longtemps, où il a travaillé, où il a créé des éléments de progrès, où il a noué des amitiés et rencontré des dévouements, il oublie tous les mauvais jours, tous les incidents fâcheux, et il éprouve à laisser tout cela une peine réelle, il se sent étreint d'une émotion plus forte que celle qu'il avait ressentie en quittant la France : c'est qu'en s'embarquant pour la colonie, il marchait vers l'avenir, tandis qu'aujourd'hui, ce qu'il laisse derrière lui, c'est du passé, c'est une tranche de sa vie, c'est un peu de lui-même.

Les chefs indigènes, qui ont apprécié son esprit de justice, l'intérêt véritable qu'il portait à la population, et qui se demandent non sans quelque inquiétude ce que sera son successeur, viennent lui faire des adieux où perce toute l'émotion dont ils sont susceptibles. Les vieux serviteurs, les tirailleurs ou les gardes qui ont marché avec lui dans la brousse, qui ont partagé tout le côté pénible et aventureux de son existence, lui serrent la main en prononçant quelques paroles simples et maladroites qui expriment confusément ce que ces braves gens éprouvent au fond de leur cœur. Les camarades le reconduisent à quelque distance : on parle peu, ou bien l'on parle de choses indifférentes, pour tromper l'émotion que chacun ressent et ne veut pas laisser paraître ; enfin on se sépare, on se serre les mains, on s'embrasse, tout le monde ressent aux yeux le picotement qui révèle l'oppression du cœur, ceux qui restent retournent silencieusement au poste, et Broussard essuie furtivement une larme qui l'empêchait de voir le sentier...

Cette impression d'ailleurs est de courte durée. L'effort physique nécessité par la marche l'a bientôt faite disparaître, et une sensation de liberté, d'écolier partant en vacances, l'a remplacée dès le troisième kilomètre. Broussard refait en sens inverse son trajet d'arrivée, il dévide à rebours le long ruban de la route de France, mais cette fois il ne marche plus vers l'inconnu, il marche vers la patrie, vers la famille, vers le foyer. Il n'a plus aucune autre préoccupation que celle de se rapprocher de son but ; il est pressé d'arriver, mais cependant, comme il connaît la date de passage du paquebot et qu'il a calculé ses étapes, sa hâte est tranquille : il se laisse aller. La route lui paraît facile, le pays lui sourit, les campements lui sont agréables à retrouver, et, bien qu'il ne fasse rien durant ses après-midi, le temps ne lui semble pas long, et c'est dans un état de parfaite quiétude d'esprit qu'il arrive à la côte, un peu usé par une fatigue dont il ne se rend pas compte.

La côte et le chef-lieu lui paraissent moins hostiles que lors de son arrivée à la colonie. D'abord il n'y est plus un inconnu et il y trouve un accueil empressé, tant auprès des chefs qui l'ont apprécié à distance qu'auprès des camarades aux yeux desquels il a le prestige inavoué mais réel de « celui qui vient de l'intérieur ». Les quelques jours durant lesquels il attend le paquebot s'écoulent vite et tranquillement, et le jour du départ arrive sans que Broussard ait éprouvé cette impatience fébrile qui a précédé son départ de France.

D'autre part, les difficultés et les dangers de l'embarquement l'effraient davantage que ne l'avaient effrayé les difficultés et les dangers, pourtant semblables, du débarquement. S'il lui faut passer la barre, il se rend mieux compte de la situation périlleuse où se trouve sa baleinière, au pied d'un mur d'eau qui menace, en s'écroulant, de renverser et briser l'embarcation. S'il use du wharf, il regarde avec inquiétude le frêle câble d'acier qui, seul, retient le panier au-dessus du gouffre. C'est que, cette fois, il rentre en France, il va jouir de la récompense bien méritée par trente mois de dur labeur, et il craint que cette récompense ne lui échappe au moment où il va pouvoir a saisir, il a la sensation du voyageur qui, au bout d'une longue traversée, est assailli par la tempête à l'instant de toucher au port.

Mais enfin le voilà à bord, mouillé peut-être, sale à coup sûr, mais sain et sauf, et de nouveau, il ne pense plus à rien qu'à se laisser vivre, à se laisser conduire vers la France qui l'a ressaisi et l'attire. La traversée est plus morne qu'à l'aller, bien que le début en soit plus rarement assombri par le mal de mer, qui se fait moins sentir dans les mers presque toujours calmes de la zone équatoriale. Mais tous ces passagers qui sont là allongés sur des chaises-longues, cherchant à humer le peu de brise qui circule sous les tentes de la dunette, n'ont plus la belle santé, le sang vif et les muscles vigoureux qu'ils avaient en quittant Bordeaux ou Marseille : certains sont malades, tous sont plus ou moins anémiés, et ils n'échangent que de vagues propos, de courtes phrases banales que les lèvres semblent laisser passer avec effort pour se refermer aussitôt, paresseusement.

A mesure pourtant qu'on avance vers le Nord, la température plus fraîche, la brise plus violente secouent peu à peu les apathies; l'air salubre de la mer et le repos de la vie de bord redonnent de la couleur aux joues et de l'appétit aux estomacs. On délaisse les chaises longues pour circuler sur le pont, on éprouve même bientôt le besoin de se remuer davantage pour vaincre le froid qui commence à se faire sentir, mais, si l'aspect du paquebot est devenu plus vivant, l'ennui y règne toujours, augmenté seulement de l'impatience d'arriver. Les éternelles histoires du Congo ou de la Côte d'Ivoire, rabâchées à chaque traversée, n'intéressent plus personne : même ceux qui, comme Broussard, en sont à leur premier séjour colonial, les ont entendues déjà au voyage d'aller. Les escales n'offrent plus aucun charme, sauf celles qui commencent à ressembler à la France : à quoi bon admirer le jardin public de Conakry ou le port de Dakar quand on pourra, dans quelques jours, errer sur la Cannebière ou dans le Bois de Boulogne? On piétine sur place, on compte les jours, on va voir le tableau où est affiché le point, on se lamente sur la lenteur du bateau, sur le mauvais état des chaudières, on est agacé au suprême degré. Après la somnolence du début de la traversée, c'est l'énervement qui précède l'arrivée.

Enfin le dernier jour s'est levé : dès que l'aube paraît, tout le monde se porte à l'avant du paquebot, ou sur un point de la dunette d'où la vue n'est gênée par aucun obstacle, les jumelles fouillent l'horizon, quelqu'un crie qu'il a vu la terre, mais il s'était trompé, ce n'était qu'un nuage, et tous les yeux cherchent toujours à distinguer cette teinte grisâtre tant désirée qui sera la vraie terre, la terre de France.

La voici : cette fois, c'est bien la terre, un point presque imperceptible, un rocher, un sommet de montagne, un coin de falaise crayeuse... Mais le point grandit et se précise : c'est le bec de la Gironde, cap terne et désolé qui provoque une triste désillusion, qui semble vous ramener aux côtes désertiques du Sénégal ; ou bien c'est le panorama glorieux de Marseille, avec ses montagnes bleues, ses falaises blanches, ses dômes dorés qui rutilent dans le soleil, sa chapelle haut perchée de Notre-Dame de la Garde qui domine tout le décor grandiose : c'est bien la France, et tous les visages s'illuminent. Ah ! certes, l'arrivée à la colonie a procuré à Broussard de fortes sensations, mais des sensations comparables à celles d'aujourd'hui, il n'en avait encore jamais éprouvé.

Déjà l'on distingue les bassins, le paquebot a ralenti sa marche et, guidé par un remorqueur, il glisse entre les jetées ; sur les quais noirs de monde, des mouchoirs blancs s'agitent au-dessus des toilettes claires, et, du bateau, d'autres mouchoirs répondent : les yeux embués d'une douce joie, des passagers reconnaissent leur femme, leurs enfants, qui fêtent le retour de l'exilé. Broussard, lui, est célibataire et ses parents, s'ils existent encore, demeurent au loin ; personne ne l'attend au débarcadère. Mais il n'en éprouve aucune tristesse : la joie de tout le monde fait sa joie, il sourit à ces visages inconnus qu'illumine le bonheur, il lui semble que tous ces gestes de bienvenue s'adressent à lui, que toute cette foule est là pour l'accueillir. Et en effet cette foule, ces inconnus, ces quais bruyants et grouillants, ces tramways qui passent, ces voitures qui roulent, ces maisons qui flamboient au soleil, tout cela n'est-il pas la France, c'est-à-dire la mère un moment délaissée, qui se prépare à fêter le retour de l'enfant prodigue et qui lui tend les bras ?

Grisé de bonheur et de liberté, grisé aussi par

les mille bruits de la rue dont il est désaccou-
tumé depuis longtemps, grisé encore par le va-et-
vient de la foule où il lui semble à chaque pas
distinguer des figures de connaissance, les poches
garnies du fruit de ses économies, Broussard
déambule, fier et ravi, frappant d'un pied vain-
queur l'asphalte reconquise : il est celui qui revient des colonies, il se sent quelqu'un, il n'est
pas loin de se figurer qu'il est d'une essence supérieure à celle de ces malheureux Français qui
n'ont jamais franchi les mers, il se prendrait
volontiers pour le roi de la Cannebière comme il
s'est pris, il y a quelques mois, pour le roi de la
brousse.

VIII. — LE CONGÉ.

Je ne parlerai pas du congé du colonial marié,
car les gens heureux n'ont pas d'histoire, ou du
moins ils sont les seuls que leur histoire intéresse
et ils n'aiment pas qu'on la déflore. Mais j'ai dit
que Broussard est encore célibataire. Il jure
même qu'il le sera toujours et confie volontiers
à ses amis et à ses proches qu'il ne comprend pas
qu'un colonial digne de ce nom se marie. Tout
au plus se laisse-t-il aller à ébaucher quelque
flirt sans conséquence : il le croit tel, du moins.
Venu en congé avec l'intention bien arrêtée de
jouir de tout ce que la France lui offre, il reste
dévoué à sa carrière, il reste l'amant de la brousse
à laquelle il a donné sa vie, et il se persuade aisé-
ment que son séjour en France n'est qu'une infi-
délité passagère à sa maîtresse idéale.

Les deux premiers mois de son congé se passent dans un bonheur parfait. Il retrouve de

vieux amis, qui lui font ce chaleureux accueil réservé à ceux que l'on a failli perdre. Il raconte ses aventures, on le pose facilement en héros et il laisse faire sans trop protester. Il aime surtout passer pour celui qui a tout vu et que rien n'étonne plus. Il paie largement et vit de même.

Une seule chose l'agace un peu, surtout dans la société des dames : on lui pose trop de questions et de questions qui lui paraissent totalement dépourvues d'intérêt : « Qu'est-ce que vous mangez, là-bas ? Comment vivez-vous ? vous devez avoir bien chaud ? Y a-t-il au moins des hôtels convenables ? Ce doit être terrible de vivre environné de sauvages ? Et les animaux féroces ? etc. » Mais c'est surtout « Qu'est-ce que vous mangez là-bas ? » qui revient comme une obsession lancinante ! Et l'effarement comique des gens lorsque Broussard répond, ce qui est pourtant l'absolue vérité : « Mais je mange du bœuf, du mouton, du pain, des œufs, des légumes, enfin ce qu'on mange partout, ce qu'on mange en France ; je vis... eh bien ? je vis dans des maisons, primitives, c'est vrai, mais enfin des maisons, avec des portes, des fenêtres, un toit, des murs ; j'ai chaud parfois, j'ai froid d'autres jours ; les hôtels ne sont ni convenables ni mauvais, car il n'y en a pas ; les sauvages ne sont pas sensiblement plus désagréables en Afrique qu'en France et ils y sont plus honnêtes ; quant aux animaux féroces, j'en ai vu, comme vous, au Jardin des Plantes et chez Pezon, jamais ailleurs : je sais pourtant qu'il y en a en Afrique, car j'en ai vu des peaux et on m'en a parfois montré des traces. » Ce discours simple et sans prétention ne satisfait pas du tout les auditeurs, qui prennent Broussard pour un pincesans-rire et un blagueur à froid ; au fond on ne croit pas un mot de ce qu'il affirme, et on demeure persuadé qu'il a vécu de racines durant trente mois — même à l'hôtel, — qu'il a couché dans une grotte ou sur un arbre comme le Robinson Suisse, qu'il passait son temps à éponger son front trempé de sueur entre l'ombre douteuse d'un palmier et un rocher chauffé à blanc, entouré d'horribles êtres grimaçants au nez orné d'un grand anneau de cuivre et de lions qui n'attendent que la fin de leur digestion pour dévorer le malheureux explorateur. Remarquez que si Broussard avait répondu aux poseurs de questions par ce conte à dormir debout, on l'aurait cru très volontiers. Et il s'aperçoit très vite que, pour ne pas être traité de farceur, un colonial est obligé de corser ses récits, d'exagérer ses aventures ou même de les inventer de toutes pièces. Il se résigne difficilement à ces gasconnades de convenance et il fuit comme la peste les gens sur les lèvres desquels il voit poindre l'éternel « que mangez-vous là-bas ? »

Pour ce motif, moins futile qu'il ne le paraît à première vue, et pour d'autres qu'il sent confusément sans chercher à les analyser, la société du monde civilisé lui pèse bientôt, et, pour changer d'air et d'idées ambiantes, il part en voyage, ou va aux eaux ou à la mer. Avant son départ pour les colonies, il avait fort peu voyagé et, quoique ayant traversé une partie de l'Afrique, il ignore à peu près la France. Il prend d'abord, à explorer sa propre patrie, un plaisir très vif ; ses tournées dans la brousse l'ont mieux préparé que le commun de ses compatriotes à goûter les beautés de la nature et à les aimer, et les excursions à travers la campagne, ou dans les massifs montagneux de l'Auvergne et des Pyrénées, l'enchantent et l'intéressent. La mer lui plaît moins, sans doute parce qu'elle lui rappelle les mauvais jours de la traversée, les jours de tangage et de roulis. Les casinos l'amusent, puis, au bout de très peu de temps, l'ennuient.

Et voilà que cette sensation d'ennui gâte peu à peu tous ses plaisirs, toutes ses distractions. Son congé dure depuis trois ou quatre mois, et commence à lui peser. Il s'est demandé ce qu'il y avait de cassé, comment s'en était allé en miettes son enthousiasme du jour de l'arrivée, et il ne trouve à se répondre que ce mot : « Je m'ennuie. » La griserie de la liberté s'est évaporée : il sent bien toujours qu'il est libre de sa personne et de son temps, mais il ne sait plus que faire de sa liberté. Elle est entravée d'ailleurs par les mille obligations mondaines qu'il avait oubliées et qui, une à une, le ressaisissent : ce n'est plus la grande liberté de la brousse. Sa bourse, d'autre part, s'est aplatie singulièrement, et à quoi passer son temps en France, lorsqu'on n'a pas de métier, pas d'occupations et pas d'argent? Il avait beaucoup espéré vivre dans la société de ses vieux amis d'autrefois, faire avec eux des parties de plaisir et des voyages; mais il ne songeait pas que, tandis qu'il était en Afrique, ces amis se sont dispersés aux quatre coins de la France, beaucoup sont mariés et préfèrent leur foyer aux déambulations sans but; tous ont leurs occupations qui les accaparent, qui les éloignent de ce désœuvré qu'est maintenant Broussard. Et puis ils ne sont plus avec lui en communion d'idées comme au temps du quartier latin : chacun d'eux a évolué, et Broussard a évolué aussi, mais en dehors d'eux et dans un autre monde : ils ne se comprennent plus et, petit à petit, Broussard sent le vide se faire autour de lui. Il n'a réellement de plaisir que lorsqu'il rencontre un camarade de là-bas, venu aussi en congé : celui-là au moins est de son espèce, et Broussard s'accroche à lui désespérément, et tous deux, en plein Paris, passent leur temps à se remémorer les souvenirs de la brousse, les menus faits de la colonie. Ils mettent en commun leur ennui, leur désœuvrement... et leur bourse dégarnie.

Avec le sixième mois de congé — parfois avant — la « soudanite » fait sa réapparition, une forme nouvelle de « soudanite », la « soudanite de congé ». Broussard trouve que tout est mal fait en France, que tout va mal, que les gens sont bêtes et malhonnêtes, qu'il fait trop chaud, puis trop froid, que les vêtements sont mal compris, les habitations mal appropriées au climat, que les idées sont arriérées, qu'il y a trop de lois, trop de défenses, trop d'agents de police, trop de maisons... et pas assez de brousse. Il se sent un inutile, il est dévoré d'un besoin d'activité qu'il ne sait comment satisfaire, et l'un de ses chefs, rencontré par hasard, à qui il vient de débiter les litanies de ses jérémiades, lui dit : « Mon ami, vous êtes mûr pour reprendre le paquebot. »

Et en effet, il n'y tient plus, il faut qu'il reparte. Son congé n'est pas terminé, mais il le fait abréger et se met avec transport à ses préparatifs de départ, qui sont moins compliqués que la première fois, car il a maintenant l'expérience.

Il n'a pas eu ou n'a eu que très peu en Afrique la nostalgie de la France, et voilà qu'il constate avec stupéfaction que, durant son congé, sauf peut-être tout au début, il n'a pas cessé d'avoir la nostalgie de l'Afrique. Et il repart, joyeux, insensible aux larmes qui coulent derrière lui et qu'il ne voit pas... ou peut-être qu'il ne veut pas voir.

IX. — Retour a la colonie.

C'est avec une joie véritable que Broussard revoit le paysage maintenant familier des rives de la colonie ; ce n'est plus le monde inconnu dans lequel il pénétrait naguère avec une curiosité non exempte d'émotion ; les choses et les gens ont cette fois à ses yeux un aspect de choses et de gens au milieu desquels on a vécu une période décisive de sa vie et que l'on aime à retrouver.

Son désir intime est de retourner dans le poste où il a passé la majeure partie de son précédent séjour : c'est sans doute parce que le colonial, tout en ayant par nature le goût des voyages, est cependant d'instinct casanier, peut-être par un inconscient esprit de contradiction. La chose d'ailleurs se comprend sans peine : il a vécu dans ce poste, il y a souffert, mais surtout il y a fait quelque chose, il l'a créé ou tout au moins organisé, c'est un peu son œuvre, l'enfant de son métier, et il est tout naturel qu'il s'y intéresse plus qu'au reste de la colonie, qu'il aime à le revoir et à se rendre compte de ce qu'il est devenu en son absence.

Malheureusement il se trouve que les besoins du service et le roulement nécessité par les congés n'ont pas permis de réserver ce poste — *son poste* — à Broussard, il a fallu y mettre un autre fonctionnaire que l'on n'a aucune raison à présent pour déplacer, et force est bien d'envoyer Broussard dans une autre partie de la colonie. Il en est navré et s'y rend sans enthousiasme, mais au bout de quelque temps, le plaisir de voir du nouveau l'emporte sur le regret de ne pouvoir revoir le théâtre de ses débuts.

Cependant lorsque, au bout de quelques mois, son ancien poste devient vacant et qu'on l'y renvoie, il est au comble du bonheur et fait ses malles en chantant. A son arrivée dans son fief, il est l'objet de démonstrations enthousiastes, peut-être intéressées, peut-être sincères : sait-on jamais ce qui se passe au fond du cœur des Noirs et celui-là même qui a écrit là-dessus un livre si intéressant connaît-il *the back of the Black Man's mind?* Quoi qu'il en soit, ces manifestations de sympathie touchent profondément Broussard, que l'expérience n'a pas encore rendu complètement sceptique, et son émotion à lui n'est certainement pas jouée. Il reconnaît avec plaisir les figures de connaissance, serre les mains noires et ridées qu'il avait serrées déjà au départ avec une larme au coin des paupières, retrouve avec joie sa case et ses vieilles habitudes : il éprouve la sensation du voyageur rentrant chez lui après une longue absence et s'y abandonne avec délices.

Pourtant, il ne tarde pas à trouver que, pendant qu'il n'était pas là, on a gâté son œuvre : c'est un sentiment très humain ; chacun est persuadé de l'excellence de ses méthodes ; si d'ailleurs il ne les trouvait pas excellentes, il ne les emploierait pas ! Aussi Broussard ne cesse-t-il de récriminer contre les changements apportés dans « sa manière » par son successeur; sa critique s'exerce aussi bien sur les petites modifications

matérielles que sur les innovations plus impor-
tantes réalisées dans la politique générale : Broussard avait son bureau à l'Est et sa chambre au
Couchant, « l'autre » a préféré avoir son lit à
l'Est et sa table de travail à l'Ouest, et Broussard
se hâte de rectifier cette disposition qui lui paraît
absolument fâcheuse ; Broussard avait la *manière
douce*, « l'autre » en tenait pour la *manière forte*,
et Broussard ne cache à personne que cet erre-
ment condamnable a pris fin.

Peu à peu cependant, à examiner les choses
plus froidement et à un point de vue plus objectif, il s'aperçoit que, parmi les changements opé-
rés en son absence, beaucoup avaient leur raison
d'être et ont donné de bons résultats ; que parmi
ces innovations, qui en somme ne l'indisposent
que parce qu'elles sont des innovations dont il
n'a pas eu l'initiative, beaucoup répondent à ses
propres idées. Il se rend compte qu'il y serait
venu de lui-même, que le pays et ses habitants
ont évolué tandis qu'il était ailleurs et qu'il serait
mauvais de se cristalliser en une méthode im-
muable et sans élasticité. Lui-même du reste a
évolué ; à mesure qu'il a acquis de l'expérience,
il a compris que, si le bien en soi est toujours le
but à atteindre, il faut souvent prendre des che-
mins très détournés si l'on veut y arriver sans
encombre ; à mesure aussi qu'il a parcouru des
régions différentes, visité des populations de
mœurs et d'habitudes diverses, observé des méthodes variées de politique indigène, il est devenu
moins exclusif dans ses théories, il a peu à peu
abandonné l'esprit de système pour un éclectisme
plus raisonné et plus raisonnable. Aussi arrive-
t-il peu à peu à adopter presque telle quelle la

situation créée par son prédécesseur ou son remplaçant intérimaire, ou du moins à en adopter certaines parties essentielles, tout en leur donnant la forme extérieure qui plaît davantage à son esprit ou à son caractère.

Et c'est ainsi que, du choc de deux méthodes dont les principes paraissaient être diamétralement opposés, naît une sorte de compromis qui, sans être un idéal, répond en tout cas aux nécessités du moment et de la situation et peut être une source féconde de progrès relatif, la seule espèce de progrès, après tout, que l'on puisse espérer voir se réaliser en des contrées d'organisation aussi récente et nécessairement aussi primitive. Peut-être pourrait-on trouver là un argument sérieux pour répondre à ceux qui déplorent les mutations fréquentes du personnel colonial? Broussard n'est pas éloigné de croire parfois, dans les jours de bel optimisme où le temps est beau, l'esprit libre et le corps solide, que tout est pour le mieux dans la meilleure des colonies.

Le fameux « tassement » dont on lui a tant parlé s'est opéré presque complètement dans son esprit : les emballements du début ont disparu, ou tout au moins ne font plus que des apparitions de plus en plus légères et espacées; les nobles indignations du néophyte ont fait place à une philosophie douce et sceptique, qui tient compte des nécessités et des circonstances, et si, de temps en temps, une certaine irritation se manifeste, elle est causée surtout par le nombre toujours croissant des « paperasses », par l'approche lointaine d'un flot d'origine bureaucratique que l'on sent s'avancer gros de menaces, doué d'une force irrésistible, et qui, quelque jour prochain, ira fatalement inonder, sinon submerger, les postes les plus éloignés de la brousse africaine : Broussard entend ce flot gronder, il le sent venir, et il ne peut que constater son impuissance personnelle en face de cette force inéluctable du destin administratif; on ne peut pas plus arrêter la marée montante de la « paperasse » qu'on ne peut arrêter les rouleaux de la barre, et Broussard se résigne en disant, d'un air moitié maussade et moitié détaché : « Après nous le déluge ! » Au fond de lui-même, il craint un peu d'être encore là au moment du déluge.

Somme toute, ce deuxième séjour est meilleur que le premier, au point de vue moral comme au point de vue de la santé. L'acclimatement a produit ses heureux effets, des précautions plus judicieuses ont épargné à Broussard les accès de fièvre déprimants et les fâcheux embarras gastriques; l'acquisition de cette philosophie doucement sceptique dont je parlais tout à l'heure a rendu plus agréables ses relations avec les collègues, les inférieurs et les supérieurs, même avec ceux dont les caractères sont le plus différents du sien. Et la vie coloniale lui paraît décidément bonne.

Toutefois, sans qu'il veuille en convenir, la nostalgie de la France le trouble plus souvent qu'à son premier séjour : il pense davantage au pays et à ceux qu'il y a laissés. Peut-être est-ce le souvenir de ce flirt qu'il avait cru sans conséquence? ou de ces larmes qu'il n'avait pas osé voir derrière lui à son dernier départ et qu'est venue lui rappeler une humble carte postale, où l'émotion se laisse deviner sous les phrases d'une banalité voulue?...

X. — Le vieux colonial.

Broussard est devenu à son tour un « vieux colonial » : il a maintenant quelque quinze ans de colonies, il a parcouru maints pays divers ; du Sahara au golfe de Guinée nul coin de savane ou de forêt n'a plus de secrets pour lui ; les soleils de toutes les latitudes intertropicales ont tanné sa peau que sillonnent des rides précoces, ses cheveux se raréfient ou grisonnent aux tempes ; il sait dire « bonjour » en une vingtaine de dialectes et est à même de soutenir une conversation en trois ou quatre langues indigènes ; il a mangé le couscous chez les Sarakolé, le *foutou* chez les Agni et les *mouomi* chez les Mandingues ; il s'est abreuvé aux marigots les plus modestes comme aux fleuves les plus majestueux ; il est initié aux pratiques religieuses des sectateurs du caïman et a assisté aux prières publiques des musulmans ; le paquet de feuilles des femmes Bobo ne l'intrigue pas plus que la *coussabe* des dames ouoloves et il ne s'étonne pas de trouver les restes d'un crâne humain dans la marmite d'un Ouobê ou d'un Manon.

Son nom est connu en Afrique Occidentale et n'est même pas complètement inconnu à Paris. Il a le plaisir de pouvoir donner aux jeunes des conseils qu'on écoute avec déférence, quitte à ne pas les suivre. Il n'est jamais à court de souvenirs à raconter, souvenirs glorieux ou souvenirs gais : il en a tant vu !... et en a plus entendu encore. Il sait l'histoire de l'ancien matelot qui avait imaginé de surmonter son casque colonial d'un petit mât de pavillon et qui, au passage d'un supérieur, amenait gravement par trois fois les couleurs, au moyen d'une drisse de poupée. Il sait aussi l'histoire du chasseur intrépide qui, tirant sur un lion, tuait la jeune antilope que le fauve s'apprêtait à dévorer. Il sait encore bien d'autres histoires, il en sait tellement qu'il les mêle un peu les unes aux autres et enrichit le Soudan de ce qui s'est passé au Congo et le Dahomey de ce qui a fait l'admiration de la Guinée.

Il a vécu les temps héroïques de la conquête, il a fait la guerre, il a essuyé les coups de feu des ennemis barbouillés de suie qui attendent le Blanc au passage d'un cours d'eau difficile, embusqués derrière les contreforts d'un fromager. Il a pacifié des pays troublés, est allé en parlementaire au milieu d'une horde de guerriers ivres de vin de palme ou de dolo, et, par la persuasion d'arguments appropriés, par un trait d'esprit à la portée de ses sauvages auditeurs, les a amenés à déposer les armes. Il a exploré des contrées inconnues, a révélé au monde des noms de tribus jusque-là ignorées, a rempli quelques-uns des blancs qui, sur les cartes d'Afrique, faisaient l'humiliation des géographes. Il a barboté dans les marais et il a escaladé les rochers abrupts des montagnes, il a construit des ponts de fortune pour traverser des rivières débordées, il a usé les semelles d'innombrables souliers en cheminant à travers l'argile durcie et les plateaux de latérite qui sont comme des miroirs d'acier bruni.

Il sait dire, en inspectant le ciel et l'horizon, si une tornade se prépare. Un coup d'œil sur les champs, en telle ou telle saison, lui suffit pour annoncer à coup sûr si la récolte sera bonne ou mauvaise. Il connaît les mœurs de tous les animaux de la brousse et les propriétés des plantes sauvages. Il sait même à peu près ce qui se passe sous le crâne d'un nègre.

Il a voyagé à cheval, en hamac, en filanzane, en chaland, en pirogue, et surtout à pied, et a levé quelques milliers de kilomètres d'itinéraires nouveaux en comptant ses pas un à un.

Et il est encore là, sur la brèche : il a échappé à la balle d'un *sofa*, à la flèche empoisonnée d'un sauvage, à un naufrage dans la barre, à un chavirage dans les rapides, à la chute d'une case renversée par la tornade, à l'incendie d'une autre brûlée par la foudre, aux suites d'une insolation, aux atteintes de la fièvre. Il est encore bien vivant, mais il connaît la mort, pour l'avoir coudoyée souvent.

Autour de lui, combien de camarades ont à tout jamais disparu. l'un, terrassé par la maladie, l'autre, blessé à mort dans une embuscade, lui ont passé dans les bras. Il a construit des maisons, des routes, des ponts, des marchés, mais combien aussi a-t-il construit de tombes? Combien a-t-il planté de croix de bois grossières au-dessus des restes de ceux qui avaient espéré, en allant là-bas, gagner une autre croix ? De ceux qui sont venus avec lui à la colonie, lors de son premier voyage, combien y sont encore aujourd'hui ? Peut-être deux ou trois, peut-être est-il le seul que n'ait pas fauché la mort. Ah ! la terre d'Afrique se montre dure à ses enfants adoptifs ; c'est une marâtre insatiable, qui réclame bien du sang et des os pour être fécondée !... Et cette pensée conduit Broussard à des réflexions empreintes de tristesse.

Il est une autre chose aussi qui, peu à peu, commence dans son esprit l'œuvre du désenchantement. Les vieilles méthodes se sont modifiées, et Broussard a l'impression d'appartenir à un autre âge, de se sentir isolé au milieu d'un monde nouveau. Les jeunes couchès arrivent, qui poussent impitoyablement les vieilles devant elles, réclamant à leur tour leur place au soleil, blâmant des procédés qu'elles trouvent désuets, oubliant peut-être un peu trop que d'autres ont usé leur vie à leur ouvrir la voie et à leur aplanir les sentiers. Le déluge de la « paperasse » s'est déchaîné, Broussard s'y sent noyé ; l'explorateur qu'il fut, qu'il est demeuré peut-être, ne peut, même en vieillissant, se faire « rond-de-cuir » : il veut bien admettre que les « ronds-de-cuir » sont nécessaires à la marche du monde, mais il ne peut se faire à l'idée que leur place soit en un pays où, naguère encore, l'Européen n'avait jamais passé. On l'accuse de trop prêcher pour un saint dont le culte vieilli n'a plus d'adeptes, on se moque un peu de ce vieux Caton démodé — *laudator temporis acti* — qui ne semble plus avoir d'activité que pour la critique. Et pourtant il se rend bien compte qu'à des temps nouveaux il faut des hommes nouveaux et des méthodes nouvelles, il veut bien admettre que l'orientation donnée autour de lui aux affaires est devenue une nécessité, mais son éducation coloniale ne l'a pas préparé au nouvel état de choses et il a quelque peine à s'y adapter.

Les jeunes gens qui sont maintenant ses collaborateurs manifestent des exigences qui lui font hausser les épaules : ils trouvent que les installations manquent de confort, que les routes sont mal tracées, que les approvisionnements sont défectueux, que les étapes sont fatigantes ; ils ne veulent aller en tournée qu'à cheval ou en filanzane et ne pénètrent qu'avec répugnance dans les habitations indigènes. Broussard songe qu'il a passé bien des nuits à la belle étoile ou sous des toitures qui ressemblaient fort à des écumoires, qu'il a vécu plus d'années dans des cases en torchis que dans des maisons en pierres ou en briques, qu'il n'a pas toujours eu un lit — même un lit de camp — à sa disposition ; qu'il a cheminé plus souvent sur des ornières décorées du nom de sentiers, sur des pistes de chasseurs à peine frayées, dans le lit vaseux des cours d'eau, que sur des routes même mal tracées ; qu'il a dû, des mois durant, se contenter de manioc, de mil ou d'ignames, comme base de sa nourriture, et qu'il a eu plus d'occasions d'apprécier la valeur respective de l'eau de pluie et de l'eau de marigot que celle du vin de Bordeaux et du vin de Bourgogne ; qu'il a fait à pied, par le soleil et par la pluie, des étapes de 40 à 5o kilomètres de temps en temps, et des étapes de 2o à 3o kilomètres pendant plusieurs mois d'affilée, et qu'il n'avait, pour se reposer, d'autre auberge que la hutte où l'on ne peut se tenir debout ou la *sokala* obscure comme une cave et brûlante comme un four... Il songe à tout cela, et il ne peut s'empêcher de montrer quelque dédain à ces jeunes gens délicats des générations nouvelles, qui se plaignent de ce qui faisait la joie des anciens lorsqu'ils avaient leur âge. Et, pour ces jeunes gens, il est le « vieux grognard », il est de ceux que l'on respecte tout en les trouvant un peu toqués.

Et pourtant Broussard se sent encore jeune :

malgré les fatigues endurées, son corps est toujours capable d'énergie et d'activité ; quant à son cœur, n'est-il pas plus jeune que celui des nouveaux venus, puisque ce qui effraie ceux-ci le tente encore et que l'enthousiasme n'est pas mort en lui ?

Mais il est une autre raison qui tend à accroître sa mélancolie et à lui rendre la vie coloniale moins attrayante : la brousse, qu'il a tant aimée, tant parcourue, tant étudiée, n'a plus de secrets pour lui et n'intéresse plus sa curiosité comme au premier jour ; il a si bien pratiqué tous les nègres des différentes provinces qu'il n'a plus grand chose à apprendre d'eux. Et il commence à se dire qu'il est d'autres plaisirs dans la vie que de traverser les steppes africaines, d'étudier l'ethnographie, de développer l'industrie du caoutchouc et de faire payer l'impôt aux Noirs. Sans doute, il aime toujours son métier, mais il pense au moment de plus en plus proche où il ne pourra plus l'exercer, où il se trouvera seul, sans but dans la vie, entre un passé trop rempli et un avenir trop vide.

Des souvenirs déjà vieux, jamais oubliés, le hantent... Il rêve d'un frais visage penché sur sa solitude, de bébés babillant autour de lui et l'appelant « papa »... De même qu'à la fin de son premier congé il était mûr pour reprendre le paquebot, il est mûr maintenant pour le mariage.

XI. — Retour d'age.

Broussard est marié, il est père de famille.
Il a dû quitter son foyer, en plein bonheur,

pour rejoindre son poste, car on ne vit pas de l'air du temps et le métier colonial, quoi qu'en disent certains, ne donne pas de grosses rentes. Et il a dû partir seul, car dans le poste lointain auquel il est affecté, malgré tous les progrès matériels réalisés, il n'est pas possible d'amener une femme ni de faire vivre une famille, et l'autorité supérieure du reste n'autorise pas en général le mari à s'y faire accompagner de sa femme.

Le voilà donc là-bas, en proie à une impression de solitude qu'il n'avait pas ressentie encore. Il n'est pas seulement solitaire, il est privé de ce qui est désormais la moitié de lui-même. Il vit dans l'angoisse des êtres chers laissés en France, angoisse accrue par la pensée de celle qu'il sait régner dans leurs esprits. Il apprend par cœur le tableau des courriers, chose qu'il n'avait encore jamais songé à faire. Il dépense des sommes folles en télégrammes et lui, l'homme arriéré que le progrès effraie un peu, se plaint des vices de construction des lignes télégraphiques et de l'insuffisance du réseau. Le moindre retard dans l'arrivée du courrier de France le met dans un état d'énervement fâcheux pour son entourage. Son travail se ressent de cette perpétuelle inquiétude d'esprit, et son caractère aussi.

Des dangers l'effraient qu'il méprisait autrefois, dont il ne se doutait même pas peut-être ou qui en tout cas ne le préoccupaient nullement. C'est ainsi qu'il évite maintenant de se servir d'un cheval ombrageux, qu'il redoute de faire des tournées durant la mauvaise saison, qu'il a peur des orages et des tornades : autrefois sa vie seule était en péril et il en avait fait d'avance le sacrifice à l'Afrique, sa mère adoptive, à la brousse, sa maîtresse d'élection ; maintenant sa mort entraînerait la ruine de son foyer, la vie des siens est en jeu en même temps que la sienne propre et celle-ci ne lui appartient plus, il la doit à ceux qui l'attendent anxieusement par delà les mers, et il entend la disputer âprement à la brousse qu'il renie, à l'Afrique qui déjà lui a pris sa jeunesse.

Sa santé d'ailleurs n'est plus aussi florissante, ses articulations ne sont plus aussi souples : l'âge est venu, et les fatigues accumulées au cours des années de dur labeur se font à présent sentir. En France il serait un homme dans la force de l'âge, pour la vie coloniale il est parvenu au retour d'âge.

Il ennuie ses chefs en leur demandant la faveur d'une résidence de choix, d'une ville côtière, d'une station de chemin de fer, afin de pouvoir y amener sa famille, et son divorce d'avec la brousse s'opère sans douleur, sans regrets : car il n'attend plus rien d'elle, elle lui a donné tout ce qu'elle peut donner à ses amants, et elle se fait dure pour eux lorsqu'elle les sent devenus trop vieux pour son éternelle jeunesse. Ayant obtenu cette résidence de choix, il y fait venir les siens, persuadé qu'il va pouvoir y vivre avec eux la vie de famille, et goûter enfin au bonheur du foyer qu'il a mis si longtemps à conquérir.

Il s'aperçoit bien vite que ses espérances n'étaient que des illusions, lesquelles s'envolent une à une, laissant son cœur triste et désemparé. D'abord il n'avait pas songé qu'il était un broussard et que les broussards n'ont que deux patries : la brousse et la France, j'oserais presque dire la

brousse et Paris. Personne n'est moins fait pour
la vie de petite ville que le colonial habitué aux
larges horizons et à la vie d'aventures : s'il sort
du milieu où s'est façonnée son âme d'homme,
il ne peut être heureux qu'en pleine campagne
ou dans une capitale dont l'entière dissemblance
par rapport à son habitat coutumier l'intéresse et
le captive, en vertu sans doute de la loi des con-
trastes. Mais la petite ville de province ou la
pseudo-ville coloniale sont des milieux où il
s'étiole, où il s'ennuie, où il se sent un étranger,
un exilé, et auxquels il ne peut s'habituer. Il se
rend compte aussi très vite que le séjour dans
cette soi-disant ville n'est pas ce qu'il s'imaginait
et que rien n'a été prévu pour la vie de famille
dans ces agglomérations coloniales issues du
cerveau d'un sapeur ou d'un ingénieur assurément très compétents en fait de constructions
tropicales, mais qui n'ont jamais eu en vue que
des bâtiments publics ou des habitations de gar-
çon : ils ont peut-être bâti des palais, mais ces
palais ne sont que les « cases » de brousse de la
période héroïque, embellies, agrandies, somp-
tueuses et coûteuses si vous voulez, mais enfin ce
sont des « cases » et non pas des maisons. Ce
sont les produits d'une architecture de céliba-
taires, la seule sans doute qui pouvait surgir
en ces pays où la femme européenne ne fut et ne
sera longtemps qu'une exception, presque une
anomalie; peut-être, songe Broussard, aurait-on
pu s'inspirer des villes de l'Inde ou de l'Indo-
Chine ? Mais peut-on comparer l'Afrique à l'Asie,
le nègre à l'Hindou ou au Chinois, et trouve-t-on
sur les rives du Niger ou du Congo de ces mer-
veilles qui pullulent aux rives du Gange et du

Mékong et dont la vue seule serait capable de faire éclore le génie dans le cerveau d'un architecte ?

Telle ville qui avait paru à Broussard, alors qu'il l'avait seulement traversée pour se rendre à son poste lointain, renfermer le summum de la civilisation et du confort se dévoile à l'expérience comme un trou cher mais fort peu agréable. Tel de ces palais, qui fait très bien sur les cartes postales, est plus incommode à habiter que la case de briques crues au toit de paille où Broussard a passé de si bonnes années. Telle société, qui s'annonçait brillante, se trouve être lamentable, et la vie intellectuelle et morale est plus éloignée encore que la vie matérielle du minimum de perfection désirable.

C'est tout au moins ainsi que se présentent les choses à l'imagination désenchantée de Broussard, car beaucoup, parmi les « jeunes coloniaux », trouvent au contraire charmant ce pastiche un peu factice de vie citadine. Mais, parmi eux, notre héros est doublement isolé, plus qu'isolé même, égaré.

Ses angoisses sont presque aussi violentes que lorsque des milliers de lieues le séparaient des siens : c'était alors l'inquiétude qui le tenaillait, l'ignorance de ce que devenaient loin de lui ces êtres chers ; actuellement c'est une autre inquiétude, plus lancinante encore peut-être, l'appréhension de la maladie possible, d'une de ces épidémies qui éclatent tout à coup dans nos villes africaines, ou d'une de ces affections qui couvent inaperçues durant de longs mois pour se révéler tout à coup alors qu'il est trop tard pour échapper au mal. Le moindre malaise dont souffre sa femme ou son enfant prend aux yeux de Broussard des proportions terrifiantes ; l'obsession de la fièvre, de la dysenterie, de la bilieuse devient chez lui une véritable et réelle maladie, une forme nouvelle de « soudanite ». Où est son joyeux optimisme de jadis ?

Il finit cependant par s'apercevoir que ses craintes sont exagérées, il en convient avec lui-même, mais il ne peut s'en affranchir. Il n'ose plus s'absenter, il néglige les affaires dont il a la charge, il prend presque en dégoût son métier, et constate avec tristesse qu'un colonial marié perd le tiers de sa valeur et qu'un « broussard » marié en perd au moins les trois quarts. Il a conscience de son inutilité et il en souffre.

Cette fois, il est mûr pour la retraite.

XII. — LA RETRAITE.

Broussard a pris sa retraite.

Lui qui fut presque un roi, qui commanda des régions immenses, qui fut le chef incontesté de véritables peuples, qui eut entre ses mains la guerre et la paix, vit modestement, entre sa femme et ses enfants, dans l'humble maisonnette aux volets verts ou dans le petit appartement parisien dont il rêvait parfois vers la fin de ses premiers séjours. Le garde champêtre le salue parce qu'il est décoré, ou le concierge parce qu'il paie régulièrement son terme. Mais le passant l'ignore et les cochers le traitent sans considération.

On pourrait croire que cela le navre et l'aigrit : il n'en est rien, il est parfaitement heureux. Ayant fourni au début de sa vie d'homme une activité qui aurait suffi à remplir une vie entière, il n'aspire plus qu'au repos et au calme. Ayant erré solitaire durant de longues années au milieu de races étrangères et sauvages, il n'aspire plus qu'aux joies consolantes du foyer et aux affections domestiques : il les a et il est heureux.

Il a conscience d'avoir bien servi son pays, de lui avoir donné toutes ses énergies, d'avoir cimenté l'une des pierres au moins de l'édifice national, d'avoir créé, comme Barnavaux, un peu de gloire, et il se sent le droit de dire : « Je n'ai pas perdu ma vie ».

Il cultive ses souvenirs et continue à s'intéresser vivement aux choses coloniales. Et lorsqu'il lit dans une revue le nom d'un colonial de la génération nouvelle qui vient de se distinguer par quelque acte d'éclat ou quelque succès de longue haleine, il a pour ce jeune continuateur de son œuvre un sourire d'amicale bienveillance et se dit : « Allons, ces jeunes gens valent autant que les vieux, et si la race des « broussards » est éteinte ou bien près de l'être, celle des « coloniaux » est toujours vivante et féconde ». Lorsque ses regards tombent sur un article donnant le tableau de ce que sont devenus ces pays qu'il a connus encore inexplorés, il pense non sans quelque orgueil : « C'est un peu moi qui ai fait cela, c'est un peu à moi que l'on doit ce qui existe, il y a un peu de moi dans tout cela. »

Il revit le passé déjà lointain, il reconnaît volontiers les fautes commises lors des années d'inexpérience, il constate aussi sans fausse modestie ce qu'il y a eu de noble et de fécond dans sa vie de broussard convaincu. Il jouit du présent et, comme il n'a rien perdu de ses ardeurs premières, il songe à l'avenir, qui sera la part des autres, et il rêve...

Il rêve que dans longtemps, dans des centaines ou des milliers d'années, après l'extinction des derniers coloniaux devenus inutiles dans des colonies qui seront des métropoles, après que le rôle de la race blanche dans le monde sera fini, que celui de la race jaune sera sur son déclin, peut-être la race noire aura-t-elle son tour dans la direction des destinées de l'humanité, en attendant que le cycle recommence ou qu'arrivent des choses que ne peut prévoir même l'imagination d'un broussard en retraite...

Il rêve aussi à des avenirs plus proches et plus personnels... Il rêve que dans quelques lustres, quand il sera bien usé, bien cassé, qu'il chauffera frileusement au coin de l'âtre les rhumatismes gagnés — il y a si longtemps! — dans les marécages du Congo, du Niger ou de la Volta, un petit être tout menu, tout frais, tout rose, grimpera sur ses vieux genoux tremblants et lui dira tout bas, dans ce délicieux frisson de peur que l'enfant sent venir et qu'il savoure d'avance : « Grand-père, raconte-moi une histoire de sauvages. »

Maurice Delafosse.

ERRATA

<table>
<tr><td>Page</td><td>Ligne</td><td colspan="2"></td></tr>
<tr><td>5</td><td>14</td><td>au lieu de « frère-de-la-côte ».</td><td>lisez « frère-la-côte ».</td></tr>
<tr><td>8</td><td>24</td><td>— e'est</td><td>— c'est</td></tr>
<tr><td>10</td><td>1</td><td>— :</td><td>— !</td></tr>
<tr><td>10</td><td>6</td><td colspan="2">mettez une virgule après place</td></tr>
<tr><td>13</td><td>9</td><td>au lieu de eomme</td><td>lisez comme</td></tr>
<tr><td>13</td><td>26</td><td>— eette</td><td>— cette</td></tr>
<tr><td>13</td><td>33</td><td>— depuis longtemps</td><td>— depuis trop longtemps</td></tr>
<tr><td>14</td><td>12</td><td>— volubi e</td><td>— volubile</td></tr>
<tr><td>14</td><td>19</td><td>— son</td><td>— cette</td></tr>
<tr><td>29</td><td>3</td><td>— ses</td><td>— ces</td></tr>
<tr><td>31</td><td>1</td><td>— instructive</td><td>— instinctive</td></tr>
<tr><td>32</td><td>4</td><td>— marches</td><td>— marche</td></tr>
<tr><td>36</td><td>6</td><td>— au</td><td>— ou</td></tr>
<tr><td>38</td><td>7</td><td>— auxquelles</td><td>— auxquelles</td></tr>
<tr><td>57</td><td>9</td><td>— a saisir</td><td>— la saisir</td></tr>
</table>

TABLE DES MATIÈRES

PARIS. — IMPRIMERIE LEVÉ, RUE CASSETTE, 17.

COMITÉ DE L'AFRIQUE FRANÇAISE

Président : le prince AUGUSTE D'ARENBERG, Membre de l'Institut.

Vice-présidents : MM. E.-M. DE VOGÜÉ, Membre de l'Académie Française, et SIEGFRIED, Député, ancien Ministre.

Trésorier : M. RENÉ FOURET.

Secrétaire général : M. AUGUSTE TERRIER.

Secrétaires : MM. ROBERT DE CAIX et ERNEST VINCENT.

Siège du Comité : **21, rue Cassette, Paris (6ᵉ).**

Tout Français souscripteur d'une somme au moins égale à 20 francs devient adhérent du Comité de l'Afrique Française et reçoit le *Bulletin* mensuel du Comité. Le minimum de cotisation est fixé à 15 francs pour les fonctionnaires coloniaux, l'armée et l'enseignement.

L'objet des souscriptions recueillies est :

D'organiser des missions d'exploration et d'études économiques dans les régions africaines soumises ou à soumettre à notre influence ;

D'aider aux missions organisées par le gouvernement ou par les associations géographiques et coloniales ;

De développer l'influence française dans les pays indépendants d'Afrique ;

D'encourager les travaux politiques, [illegible] scientifiques relatifs à l'Afrique ;

De poursuivre des études et recherches [illegible] à préparer ou à appuyer les établissements privés de [illegible] naux dans ces régions ;

De tenir les adhérents régulièrement au courant [illegible] concernant l'Afrique, spécialement [illegible] l'action des nations européennes [illegible]

[illegible] gratuite du Bulletin [illegible] demande.

[illegible] — [illegible], rue Cassette [illegible]

www.ingramcontent.com/pod-product-compliance
Lightning Source LLC
Chambersburg PA
CBHW071330030726
47594CB00002B/619